受験する前に知っておきたい

介護福祉士の専門常識基礎知識

介護アドバイザー・介護福祉士
石橋亮一

はじめに

介護福祉士の仕事から求められる人材を知る

　介護福祉士は、さまざまな介護サービスの事業所や施設において、利用者（高齢者や障害者など）の介護（生活の手助け）を実施するのがおもな仕事です。利用者の日常生活の手助けはもちろん、利用者やその家族の介護に関する相談に応じ、介護方法をアドバイスしたり、悩みや不安の解消へと導くことも介護福祉士の大切な仕事です。そのため介護福祉士には、介護に関する知識に加え、介護を続けられる体力や精神力、利用者や家族の気持ちを把握する力などが必要とされます。さらに、利用者や家族と良好な関係を築くことができるコミュニケーション能力も求められます。

高齢者や障害者をサポートする仕事

　介護福祉士が多く働いているのは、高齢者が利用者となる事業所や施設です。また、障害者をサポートする事業所や施設に勤務する介護福祉士も数多くいます。どの事業所・施設においても、日常生活に手助けを必要とする利用者を対象とするため、的確かつ誠実に利用者をサポートする必要があります。また、介護サービスの種類によって、勤務時間帯や夜勤の有無などに違いがあります。あなたに合った職場を探すためには、事前にそれぞれの職場の仕事内容や勤務形態などを知っておく必要があります。

ぜひ本書を活用して、介護福祉士についての理解を深めましょう。そして、利用者の支えとなるよろこびを知り、あなたの理想とする介護福祉士になってください。

介護福祉士に必要な知識とは

　日常生活に手助けを必要とする人が、住み慣れた地域の中でよりよい生活ができるように支援する介護福祉士は、現在の日本の高齢者・障害者福祉を根本から支える存在であり、介護の現場ではなくてはならない存在です。多くの人々をサポートする介護福祉士は、基本的な介護の知識や技術、理念はもちろん、利用者の健康を守るための医学知識や、利用者やその家族から信頼を得るための言葉遣いやマナーの知識や技術が必要になります。

　本書は介護福祉士になりたいと考えている人のために、どんな知識などが必要で、どのような準備をしておけばよいのかを説明することに重点をおいています。介護現場での実践に関することから、介護福祉士資格取得に関することまで、幅広く網羅しています。

介護福祉士の仕事の一例

- ▶ 食事や排泄、入浴などの介助をする「身体介護」
- ▶ 日常生活の家事を手助けする「生活援助」
- ▶ 利用者の相談に応じ、助言する
- ▶ 要介護状態を予防するためのサポート

「いま」知っておくことのメリット

もし、あなたが介護福祉士を本気でめざしているならば、知識を蓄えておくことで、多くのメリットを得ることができます。

メリット① 将来の目標が明確になる

どんな職業に就くにしても、長い期間にわたって携わることになるため、職業や業界について情報収集することは大切です。また、介護福祉士の仕事は、介護サービスの種類の違い（在宅サービスか施設系サービスかなど）や、対象とする利用者の違い（高齢者か障害者かなど）によって、仕事の内容や勤務形態が異なります。それらを知ることで、自分がどんな事業所や施設で働きたいかを事前に把握することができ、将来の目標が明確になります。

メリット② スムーズな介護福祉士資格取得が可能

介護の仕事には無資格でも就けますが、必要な知識などを身につけて専門的な介護をするには、国家資格である介護福祉士資格が必要です。その資格取得のルートをあらかじめ知っておくと、自分に合った取得方法を選択できます。実務経験を経て資格取得をめざす場合には、取得までの道のりや国家試験の内容を知ることで、時間に無駄のない資格取得が可能になります。養成施設を経て資格を取得する場合、養成施設の種類や特色などを知ることで、どのような基準で養成施設を選択するべきかの判断ができます。

メリット③ 変化する介護制度に対応できる

高齢化が急速に進む日本では、高齢者のための介護制度が整われつつあります。しかし、まだ発展途上な部分も多く、今後も状況に合わせて制度が変わっていくと予想されています。そのような状況の中で、まずは現状の介護制度を理解することで、今後の変化にも対応できるようになります。介護福祉士をめざすならば、いまから介護制度を理解しておきましょう。

介護現場で活用できる知識の蓄積を

　いまから介護福祉士に関する知識を蓄えることは、介護の仕事に就いて国家試験に合格し、実際に介護福祉士となるための準備が目的です。介護現場では、日常生活にさまざまな困難を抱えている利用者や、心身に障害を抱えている利用者の生活全般を手助けする必要があります。その中では、前例のないことや想定していないことも出てくるため、あらゆる事態を想定して知識を蓄え、日々の介護に取り組まなくてはなりません。

　現役の介護福祉士は、介護の質を向上させるために日々尽力しているのですから、これから介護福祉士になる人が勉強を始めるのに早すぎるということはありません。本書はそのような人たちに向け、介護福祉士に必要な専門常識・基礎知識をまとめています。将来、介護福祉士として活躍するための手助けになれば幸いです。

本書の使い方

　本書は、介護福祉士についての知識を蓄積できるのと同時に、介護福祉士をめざす人たちにとって、介護福祉士になる前に覚えておきたい知識をまとめたものです。本書は「**専門常識**」と「**基礎知識**」という内容に大きく分けることができます。

専門常識 介護福祉士に関する知識や、介護福祉士の活躍の場、仕事内容などの専門的な常識（Chapter1～4）

基礎知識 介護福祉士として仕事をするうえで必要な知識。介護福祉士になる前に知っておきたい知識（Chapter5～7）

　以下、それぞれの章の概要と活用法です。

Chapter 0　知っておくべき基礎の基礎

介護福祉士になる前に知っておきたいことをまとめています。どんなことを知っておくべきか、この章で確認しましょう。

Chapter 1　介護福祉士の専門常識その1　介護福祉士になるには

介護福祉士となるために必要な資格取得ルートや受講すべき研修などについてまとめています。介護福祉士になるまでの心構えができ、準備に役立ちます。

Chapter 2　介護福祉士の専門常識その2　介護福祉士の働き方

介護福祉士にはどのような活躍の場があり、どのような働き方ができるのかをまとめています。将来、あなたが就きたい職場選びの参考になります。

Chapter 3　介護福祉士の専門常識その3　介護の現場

介護福祉士の仕事内容について、高齢者が利用者となる介護サービスを中心に説明しています。実際の介護現場での勤務状況を把握することができます。

Chapter 4　介護福祉士の専門常識その4　介護技術

介護現場で必要となる、日常生活のさまざまな場面での介護技術について紹介しています。介護者の体の動かし方の基本についても知ることができます。

Chapter 5　覚えておきたい基礎知識その1　介護に必要な医学知識

介護福祉士が実施する「医療的ケア」など、介護現場で必要な医学知識を紹介しています。介護が医学と密接に結びついたものであることを把握しましょう。

Chapter 6 覚えておきたい基礎知識その2　介護の制度としくみ

介護保険制度をはじめとする、介護サービス提供の基本となる制度やしくみについて説明しています。現在の介護の状況への理解を深め、対応できるようにしましょう。

Chapter 7 覚えておきたい基礎知識その3　介護福祉士としてのマナー

介護福祉士として働くために必要な、社会人としての基礎的なマナーや言葉遣いなどを説明しています。介護福祉士として働く前に身につけておきましょう。

Chapter 8 介護福祉士の専門常識・基礎知識　総まとめ問題集

Chapter1～7を復習できる問題集です。本書をひと通り読み、各章の「理解度チェック問題」を解けるようになったあとで、どれだけ知識が深まったかを確認できます。

理解度チェック問題ページ

Chapter1～7の最後についている**「理解度チェック問題」**で、それぞれの章を復習することができます。ただ読んだだけでは頭に入らないことも、理解度チェック問題を解くことで理解が深まります。

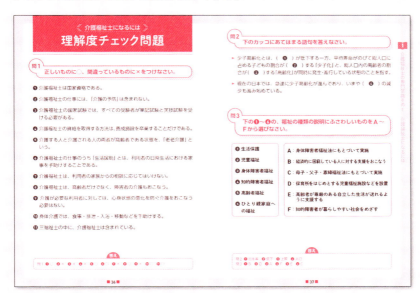

CONTENTS

- ❖ はじめに ……………………………………………………… 2
- ❖ 本書の使い方 ………………………………………………… 6

Chapter 0　知っておくべき基礎の基礎

- 介護福祉士と介護 ……………………………………………… 12
- 介護福祉士に必要な資質 ……………………………………… 14
- 介護福祉士適正チェックリスト ……………………………… 16
- **Column 1** 介護福祉士インタビュー❶ ……………………… 18

Chapter 1　介護福祉士の専門常識その1　介護福祉士になるには

- 福祉と介護 ……………………………………………………… 20
- 介護福祉士とは ………………………………………………… 22
- 介護福祉士は三福祉士のひとつ ……………………………… 24
- 介護福祉士への道①　資格取得のルート …………………… 26
- 介護福祉士への道②　実務経験と実務者研修 ……………… 28
- 介護福祉士への道③　介護福祉士の養成施設 ……………… 30
- 介護福祉士への道④　介護福祉士の国家試験 ……………… 32
- 介護福祉士のキャリアアップ ………………………………… 34
- 介護福祉士になるには　理解度チェック問題 ……………… 36
- **Column 2** 介護福祉士インタビュー❷ ……………………… 40

Chapter 2　介護福祉士の専門常識その2　介護福祉士の働き方

- 介護の仕事の魅力 ……………………………………………… 42
- 介護サービスの種類 …………………………………………… 44
- 介護福祉士が活躍できる場 …………………………………… 48
- 介護福祉士の待遇 ……………………………………………… 52
- 就職先の探し方 ………………………………………………… 54
- 履歴書の書き方 ………………………………………………… 56
- 介護福祉士の働き方　理解度チェック問題 ………………… 58
- **Column 3** 介護福祉士インタビュー❸ ……………………… 62

Chapter 3 介護福祉士の専門常識その3　介護の現場

- 介護福祉士の1日 …………………………………………………… 64
- 介護記録 ………………………………………………………………… 70
- 介護現場で一緒に働く仲間 …………………………………………… 76
- 介護の現場　理解度チェック問題 …………………………………… 78
- **Column 4** 介護福祉士インタビュー❹ ……………………………… 82

Chapter 4 介護福祉士の専門常識その4　介護技術

- 介護の基礎と使用する道具 …………………………………………… 84
- 介護技術❶　体位変換 ………………………………………………… 88
- 介護技術❷　移動・移乗介助 ………………………………………… 92
- 介護技術❸　食事介助 ………………………………………………… 98
- 介護技術❹　排泄介助 ………………………………………………… 102
- 介護技術❺　入浴介助 ………………………………………………… 106
- 介護技術❻　衣服の着脱 ……………………………………………… 110
- 介護技術　理解度チェック問題 ……………………………………… 112
- **Column 5** 介護福祉士インタビュー❺ ……………………………… 116

Chapter 5 覚えておきたい基礎知識その1　介護に必要な医学知識

- 介護福祉士がおこなう医療的ケア …………………………………… 118
- 意識と身体状態 ………………………………………………………… 122
- 認知症 …………………………………………………………………… 124
- 高齢者に多い病気 ……………………………………………………… 128
- 感染症とその対策 ……………………………………………………… 132
- 介護に必要な医学知識　理解度チェック問題 ……………………… 136
- **Column 6** 正しい手洗い方法を習得！ ……………………………… 140

Chapter 6 覚えておきたい基礎知識その2　介護の制度としくみ

介護保険制度 …………………………………………………………… 142
要介護・要支援認定 …………………………………………………… 148
ケアプラン ……………………………………………………………… 150
成年後見制度 …………………………………………………………… 152
障害福祉サービスについて …………………………………………… 154
介護の制度としくみ　理解度チェック問題 ………………………… 156
Column 7 介護の仕事をマンガで知ろう ………………………… 160

Chapter 7 覚えておきたい基礎知識その3　介護福祉士としてのマナー

介護福祉士として働くマナー ………………………………………… 162
言葉遣いと話し方 ……………………………………………………… 164
立ち振る舞いと身だしなみ …………………………………………… 168
介護福祉士としてのマナー　理解度チェック問題 ………………… 172
Column 8 意外な分野で活躍する介護福祉士 …………………… 176

Chapter 8 介護福祉士の専門常識・基礎知識　総まとめ問題集

介護福祉士の専門常識・基礎知識　総まとめ問題集 ……………… 178

❖ 索引 …………………………………………………………………… 188
❖ おわりに ……………………………………………………………… 191

Chapter 0

知っておくべき基礎の基礎

高齢化が急速に進む日本では、介護の必要性は年々高まり、多様化しています。その介護のしくみの根本を支える介護福祉士は、介護現場でどのような仕事をするのでしょうか。介護福祉士に必要な資質をふまえつつ、仕事の内容を正しく理解しましょう。

介護福祉士をめざすには、どのような知識や資質が必要かを把握しておくことが重要です。この章では、その準備のための基礎を身につけましょう。

Chapter 0 知っておくべき基礎の基礎

介護福祉士と介護

❖ 介護福祉士がおこなう介護はどのようなものかを把握する
❖ 一般の人が実施する介護との違いを理解する

科学的・医学的な根拠のもとで介護を実施

　介護福祉士は、高齢者や障害者などの日常生活を送ることに困難を抱える人に対して、介護（生活の手助け）をおこないます。介護は介護福祉士の資格のない人でも実施可能ですが、一般の人がおこなう介護と、介護福祉士がおこなう介護にはどのような違いがあるのでしょうか。

　大きな違いは、介護福祉士の介護は、科学的・医学的な知識や技術にもとづいていることです。すべての介護を、利用者の自立をめざしながら、介護サービスの利用者の心身に負担がかからない方法でおこないます。

　また介護福祉士は、利用者とその家族が、どのような介護をどの程度まで求めているかも判断します。そのため、利用者や家族の意向を把握したうえで利用者の日常生活をよく観察し、危険や不便さがあるようならば、それを取り除くように支援します。

! KEYWORD

▼ 利用者
介護サービスを受ける対象者のことです。介護は医療行為ではないため、持病があっても「患者」とは呼ばずに「利用者」と呼びます。

▼ 自立
生活の中で、できることは自分でおこない、できないことや危険なことは自分の意思で手助けを受けて生活している状態のことです。

介護福祉士に関する基礎知識Q&A

以下、よくある質問にお答えします。

 Q1. 介護福祉士になるには、どうしたらいいのですか？

介護福祉士になるには、国家試験を受験して国家資格を取得する必要があります。国家試験の受験資格を得るには、介護福祉士の養成施設を卒業するか、もしくは介護実務を3年以上（出勤日数540日以上）経験しなければなりません。それぞれの道のりの詳細については、P.26～33で確認しておきましょう。

 Q2. 介護福祉士になるには、年齢制限はあるのですか？

介護福祉士に年齢制限はありません。20代から60代まで、多くの人が介護の現場で活躍しています。ただし、体力が必要とされる職業であるため、規則正しい生活を心がけたり、体調管理に気をつけるなど、健康管理が必要です。男女比では女性のほうが多いですが、男性の割合も年々増えています。

 Q3.「介護福祉士の仕事は大変だ」と聞きますが、本当ですか？

介護福祉士は、体を自由に動かせない高齢者や障害者などの生活全般の手助けをおこなうため、体力的にも決して楽な仕事とはいえません。しかし、利用者やその家族の支えになることや、社会福祉の根本を支える役割を果たすことには、ほかの仕事では味わえない充実感があります。

MEMO 身につけておきたい社会人としてのマナー

　介護福祉士は、介護サービスの利用者やその家族など、多くの人に対応する機会が多いものです。そのため、介護に関する知識や技術と同様に、社会人としてのマナーを身につけていることが大切です。利用者や家族と信頼関係を築き、安心して介護サービスを利用してもらうためにも、言葉遣いやあいさつのほか、守秘義務、社会人にふさわしいSNSの使い方などを、今から身につけておきましょう。

Chapter 0 知っておくべき基礎の基礎

介護福祉士に必要な資質

❖ 介護福祉士に求められる資質は何かを理解する
❖ 利用者の気持ちを理解することの大切さを知る

利用者の気持ちを大切にする

　介護福祉士は介護サービスの利用者の生活全般にかかわるため、**「どうすれば利用者に、快適に毎日を過ごしてもらえるか」という視点を身につけていることが大切です**。そのため、家事や育児の経験者、家庭での介護の経験者など、日常生活を営むためのさまざまな行為に深くかかわった経験のある人に向いている資格・職業といえます。

　また、**介護福祉士は利用者が求める介護を適切におこなう必要があるため、「相手の気持ちを理解する」ことも必要です**。利用者の自立心を妨げることなく、さりげなくサポートするなど、あくまで利用者の気持ちを優先した介護をしなければなりません。

　さらに介護福祉士には、倫理観が必要とされます。介護現場では利用者や家族のプライバシーに立ち入る機会が多いため、その情報を外部に漏らさない「秘密保持義務（守秘義務）」を徹底して守る必要があります。

! KEYWORD

▼ **倫理観**
善悪の判断など、社会で守るべき決まり（＝倫理）に対する考え方。倫理観をもとにして判断をする場面が介護現場では多くあります。

▼ **秘密保持義務**
ある職業・職務に就いている人が、職務で知り得た秘密や個人情報などを外部に漏らさないように、法律上で決められた義務のことです。

4つのH

介護福祉士など福祉の仕事にかかわる人には、次の「4つのH」が必要です。

Head（頭）

冷静に判断できる頭脳

- どんな場面でも臨機応変に対応できる
- 介護についての確かな知識がある
- 感情的にならない

Hand（手）

専門的技術

- 介護現場などで、介護技術を身につけている
- 一つひとつの介護技術の意味を把握している
- その人・その場面に合った介護技術を提供できる

Heart（心）

人の気持ちを理解する心

- 介護サービスの利用者と家族に思いやりをもてる
- 利用者や家族の立場に立てる
- 正しい言葉遣いやマナーが身についている

Health（健康）

人を援助できる健康と体力

- 介護が十分にできる健康を維持している
- 日々の体調管理に気をつけている
- 体に負担をかけない介護方法を実践できる

Chapter 0 知っておくべき基礎の基礎

介護福祉士適正チェックリスト

❖ 自分がどの程度、介護福祉士に関する知識があるかを確認する
❖ 最終的にすべての項目をチェックできるようにする

知っていることと、知らないことを把握する

　介護福祉士を目指しているならば、その資格や仕事について事前に調べていることでしょう。しかし、自分なりに調べていては、知識に偏りがあったり、理解できていないことが出てくるものです。そこで、まずは自分がどの程度介護福祉士の資格や仕事などに関する知識、および介護福祉士として介護サービスを提供するために必要な知識があるのかを、次のチェックリストを使って把握しましょう。そして本書を読み進め、最終的にはすべての項目を理解し、チェックできるようになりましょう。

✅ CHECK >>> 介護福祉士について

☐ 介護福祉士のほか、福祉に関わる仕事の内容について理解しているか。
☐ 介護福祉士の資格の取得方法を知っているか。
☐ 介護福祉士の国家試験の詳細を知っているか。

▶ **Chapter1** を確認!

✅ CHECK >>> 介護福祉士の働き方について

☐ 介護福祉士がどのような場で活躍できるかを知っているか。
☐ 介護福祉士が活躍できる介護サービスの種類や特徴を知っているか。
☐ 就職先の探し方を理解できているか。

▶ **Chapter2** を確認!

✅ CHECK >>> 介護の現場について

- ☐ 介護福祉士の1日の勤務の流れを把握しているか。
- ☐ 介護記録の内容と記入のしかたを理解しているか。
- ☐ 介護福祉士と協力して介護をおこなう職種を知っているか。

▶ **Chapter3** を確認！

✅ CHECK >>> 介護技術について

- ☐ 介護技術についての知識があるか。
- ☐ 介護福祉士が使用する道具や福祉用具を理解しているか。

▶ **Chapter4** を確認！

✅ CHECK >>> 介護に必要な医学知識について

- ☐ 介護福祉士がおこなえる医療的ケアの内容について理解しているか。
- ☐ 人体についての基本的な知識が身についているか。
- ☐ 高齢者に多く見られる病気や症状、障害を把握しているか。

▶ **Chapter5** を確認！

✅ CHECK >>> 介護制度について

- ☐ 介護保険制度のしくみや内容を理解しているか。
- ☐ 障害福祉サービスのしくみや内容を理解しているか。

▶ **Chapter6** を確認！

✅ CHECK >>> 一般常識について

- ☐ 介護福祉士にふさわしい言葉遣いができるか。
- ☐ 介護福祉士に必要なマナーが身についているか。
- ☐ 個人情報の取り扱いのルールを理解しているか。

▶ **Chapter7** を確認！

Column 1
介護福祉士インタビュー❶

介護福祉士になろうと思った
きっかけは？

Aさん

家族の介護をしたことがきっかけです。同居の祖母が寝たきりになって、家族で介護をしていたときに、「こんな大変なことを1人でやっている人もいるのだろう」と思い、多くの人の介護のお手伝いをしたいと考えたのです。いまは訪問介護で自分の経験を活かした介護をしながら、利用者の家族の悩みに耳を傾けるようにしています。

Bさん

中学生のときに職業体験で介護施設を訪問して、そこで働く介護職のみなさんの姿に心打たれました。利用者に優しく話しかけたり、緊急時には迅速な対応をしたりする介護のプロの仕事を見て、「私もこうやって働きたい」と思うようになりました。私もあのときの職員のみなさんのように、憧れられる存在になりたいと思ってます。

Cさん

長年主婦をしていたのですが、子どもの手が離れたのをきっかけに、通所介護でパートとして働くようになりました。最初は「どうせパートの仕事だから」と思っていたのですが、職員のみなさんの介護に対する情熱に影響されて、いまでは利用者が自宅で自立した生活を保つために何ができるかを真剣に考えるようになりました。

Chapter 1

介護福祉士の専門常識その1
介護福祉士になるには

介護福祉士を名乗るには国家資格が必要です。資格取得には実務経験を積むか、または養成施設を卒業して、その後に国家試験を受験する必要があります。この章では、国家試験の詳細や養成施設の種類と特徴などを確認し、資格取得までの道のりを把握しましょう。

どちらの方法で介護福祉士資格を取得するにしても、国家試験受験のための計画的な学習が必要になります。それぞれの取得方法の流れを理解し、準備しておきましょう。

Chapter 1 介護福祉士の専門常識その1　介護福祉士になるには

福祉と介護

❖ 「福祉」の言葉の意味と、日本における福祉について理解する
❖ 福祉のひとつである「介護」の内容を理解する

すべての人に安定した生活を提供

「福祉」は、もともと「幸福」や「豊かさ」を表す言葉でしたが、現在では、どんな人でも最低限の安定した生活環境をもてるように援助したり、配慮されるしくみや理念を表す言葉になっています。日本で福祉の考え方が本格的に導入されたのは、戦後に**「生活保護法」「児童福祉法」「身体障害者福祉法」の「福祉三法」**が制定されてからです。その後、**「母子及び寡婦福祉法（現・母子及び父子並びに寡婦福祉法）」「知的障害者福祉法」「老人福祉法」の3つの法律も成立し、あわせて「福祉六法」**と呼ばれています。

介護福祉士がおこなう介護も、高齢者や障害者などの日常生活を援助することから、福祉のひとつとされています。そのため、介護は福祉の考え方にもとづいて実施されており、**介護が必要な人々が生活に不自由さを感じないように支援したり、自立の手助けをするとともに、生活の質（QOL）を高めることに重点を置いて**実施します。

! KEYWORD

▼ 老人福祉法
1963（昭和38）年に制定。高齢者福祉の充実を目的として、高齢者の心身の健康と生活の安定のために必要な措置を定めた法律です。

▼ QOL
「Quality of Life（生活の質）」の略語で、その人が人間らしく生活し、幸福を感じているかを基準に評価する考え方です。

福祉（社会福祉）とその内容

生活保護

**健康で文化的な
最低限度の生活を
保障する公的扶助制度**

- 生活保護法にもとづいて実施。
- 経済的に困窮している人に、さまざまな支援をおこなう。
- 将来的に自立ができるように支援する。

児童福祉

**18歳未満のすべての
子どもを対象にした
福祉サービスや施策**

- 児童福祉法にもとづいて実施。
- 子どもが育ちやすく、保護者が子育てしやすい環境を整える。
- 保育所をはじめとする児童福祉施設などを設置。

身体障害者福祉

**身体障害者の生活や
社会活動への参加を援助する
福祉サービスや施策**

- 身体障害者福祉法にもとづいて実施。
- 身体障害のある人でも、普通に暮らせる社会作りを目指す。
- さまざまな障害者保健福祉施策を推進。

知的障害者福祉

**知的障害者の生活や
社会活動への参加を援助する
福祉サービスや施策**

- 知的障害者福祉法にもとづいて実施。
- 知的障害のある人でも、普通に暮らせる社会作りを目指す。
- さまざまな障害者保健福祉施策を推進。

高齢者福祉

**高齢者が健康で安らかな
生活を送れるように
社会全体で支援**

- 老人福祉法にもとづいて実施。
- 高齢者が住み慣れた場所で、尊厳ある自立した生活が送れるように支援する。
- 必要な人に介護サービスを提供する。

ひとり親家庭への福祉

**母子家庭・父子家庭などの
ひとり親家庭に対する
施策や支援**

- 母子・父子・寡婦福祉法にもとづいて実施。
- ひとり親家庭の生活の安定と自立を促進。
- 子どもの福祉のための補助を実施。

Chapter 1 介護福祉士の専門常識その1 介護福祉士になるには

介護福祉士とは

❖ 介護福祉士がどのような資格なのかを把握する
❖ 介護福祉士のおもな仕事を理解する

高齢者介護のしくみを支える

　介護をおこなうにあたっての、一定水準の知識や技術を認定する国家資格が介護福祉士です。現在の日本では高齢化が急速に進み、介護の必要な高齢者が増えているだけでなく、求められている介護が多様化しています。この状況に対応し、質の高い介護を提供できる人材として、国家資格を取得した介護福祉士が、介護のさまざまな場面で求められています。

　かつての日本では、高齢者を家族総出で介護することが多かったのですが、少子高齢化と核家族化が進んだ現在の日本では、家族だけで介護をすることは難しく、さらには介護する家族の高齢化も進み、「老老介護」が社会問題になっています。また、ひとり暮らしの高齢者も増え、介護をする人が慢性的に不足しているのが現状です。そこで、**社会全体で高齢者介護を支援するための「介護保険制度」が2000（平成12）年から始まり、介護福祉士はこの制度を支える立場として期待されています。**

! KEYWORD

▼ **国家資格**
それぞれ分野での能力や知識が、国の法律や基準にもとづいて判定され、特定の職業に就けることを保証する資格のことです。

▼ **老老介護**
何らかの理由により、高齢者が高齢者の介護をせざるを得ない状況のことで、介護疲れなどの多くの問題の引き金になっています。

介護福祉士の4つの仕事

身体介護

- 人が生きていくために必要な、基本的な生活とその動作を手助けします。
- 食事・排泄・入浴・移動・衣類の着脱など、利用者の体に直接かかわる行為の援助をおこないます。

生活援助

- 利用者の代わりに、調理や掃除、洗濯、買い物などの家事をおこないます。
- 介護度の軽い利用者に対しては、自立を支援するという視点で、一緒に調理や買い物などをおこないます。

相談・助言

- 介護サービスの利用者やその家族の相談に応じ、介護方法などのアドバイスをおこないます。
- 介護保険や介護サービスなどにかかわる相談を受けたり、利用者と家族、または利用者と介護サービスの事業所・施設との関係を取りもつ役目も果たします。

介護予防

- 要介護状態になることを防止するための支援をおこないます。
- 介護が必要な利用者には、現在の心身の状態をこれ以上悪化させないために、改善を図る支援をおこないます。

MEMO　潜在介護福祉士は全国に45万人

「潜在介護福祉士」とは、介護福祉士資格をもって資格登録（▶ P.26）しているにもかかわらず、介護福祉士として働いていない人のことで、全国に約45万人はいると想定されています。現在、介護にかかわる労働者不足が問題となっているため、国や自治体が潜在介護福祉士の復職を促進しています。働いていない期間の長さや勤務形態、待遇面での悩みを抱える潜在介護福祉士のために、各自治体などで復職のためのセミナーを開催したり、ハローワークや福祉人材センターでは再就職のフォローを実施して、介護人材の確保に取り組んでいます。

Chapter 1　介護福祉士の専門常識その1　介護福祉士になるには

介護福祉士は三福祉士のひとつ

❖ 三福祉士の資格が作られた経緯を理解する
❖ 三福祉士それぞれの資格の内容や役割について把握する

すべての人を対象にした福祉の専門家

　深刻な少子高齢化が進んでいる日本では、高齢者が増加し、核家族や独居世帯が増えています。つまり、高齢者や障害者がいても、その介護や世話をする家族が少なかったり、いない場合が多いのです。そのため、高齢者や障害者が支障なく日常生活を送るためには、福祉の専門家による支援が必要であると考えられるようになり、**介護福祉士・社会福祉士・精神保健福祉士の3つの資格が作られました。この3つは「三福祉士」と呼ばれ、このうちの2つ以上を掛けもちで取得している人も多くいます。**

　介護福祉士は介護福祉の専門家で、社会福祉士は福祉全般の知識や技術によって生活上の困り事についての相談・援助をおこないます。精神保健福祉士は精神的な障害がある人の支援や相談を受けます。**いずれの資格・職業においても、生活に不安を感じて支援を必要としている人を対象とし、どのような状況にある人でも、等しく幸せな生活を送れるようにサポートします。**

! KEYWORD

▼ 少子高齢化
出生率が低下する一方、平均寿命がのびたことで、総人口に占める子どもの割合が低下する「少子化」と、総人口に占める高齢者（65歳以上）の割合が上昇する「高齢化」が同時に発生・進行している状態のことです。現在の日本では急速に少子高齢化が進んでおり、人口の減少も進行しています。

三福祉士のそれぞれの役割

介護福祉士

▶資格・仕事の内容
- 1987（昭和62）年に「社会福祉士及び介護福祉士法」施行とともに誕生した国家資格。
- 高齢者や障害者など、日常生活を送るのが困難な人に対して、生活全般にわたって介護をする。
- 介護サービスの利用者やその家族から、介護に関する相談を受け、アドバイスをする。

▶活躍の場
- 各種介護サービス事業所・施設
- 医療機関など

社会福祉士

▶資格・仕事の内容
- 1987年に、「社会福祉士及び介護福祉士法」施行とともに誕生した国家資格。
- 身体的・精神的・経済的にハンディキャップのある人の相談を受け、支援をする。
- 日常生活で困っている人の支援のために、ほかの分野の専門職と連携したり、行政や医療機関などとの取りつぎをする。

▶活躍の場
- 障害者支援施設、特別養護老人ホーム、児童養護施設などの社会福祉施設
- 医療機関、行政機関、学校など

精神保健福祉士

▶資格・仕事の内容
- 1997（平成9）年に、「精神保健福祉士法」施行とともに誕生した国家資格。
- 精神的な障害を抱えた人の相談を受けてアドバイスをし、生活支援をおこなう。
- 家族や関係機関と連携して、対象者が社会参加できるようにサポートする。

▶活躍の場
- 医療機関（精神科のある病院・診療所）
- 行政機関、司法施設など

Chapter 1 介護福祉士の専門常識その1　介護福祉士になるには

介護福祉士への道①
資格取得のルート

❖ 介護福祉士の資格取得のルートについて知る
❖ 2つのルートの詳細を確認する

資格取得には2つのルートがある

　介護福祉士になるには、大きく分けて2つのルートがあります。そのひとつは、**実務経験を経て介護福祉士の国家試験を受験するルート**です。国家試験の受験資格を得るには、実務者研修を受講し、受験申し込み時点で「介護等の業務」に3年以上従事、もしくは国家試験実施年度末までにその見込みが必要です。実際に介護現場で働きながら介護福祉士資格を取得する人が多いため、資格をもっている人の多くはこの道のりで取得をしています。また、国家試験の受験資格は、福祉系高校を卒業することでも得られます。**もうひとつのルートは、厚生労働大臣の指定を受けた介護福祉士の養成施設（四年制大学・短期大学・専門学校）を卒業して、国家試験を受験するルートです。**

　どちらのルートの場合でも、国家試験の合格後には、資格登録をおこなう必要があります。登録が完了して登録証が交付されると、介護福祉士を名乗って働くことができるのです。

! KEYWORD

▼ 介護等の業務
介護職員などとして働き、日常生活に支障のある人の介護や、介護の指導をおこなうことを指します（くわしくはP.28を参照）。

▼ 資格登録
介護福祉士の国家試験合格後に、必要書類を提出したうえで、登録名簿への登録を申請します。登録には登録手数料が必要です。

実務経験などを経て資格を取得する道のり

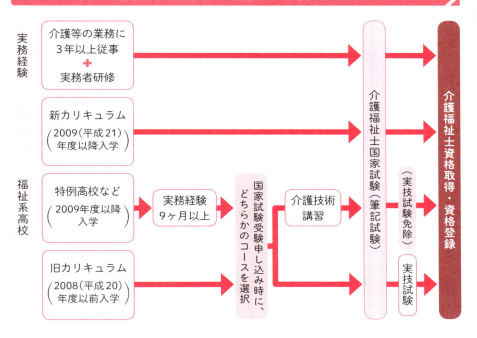

養成施設を卒業して資格を取得する道のり

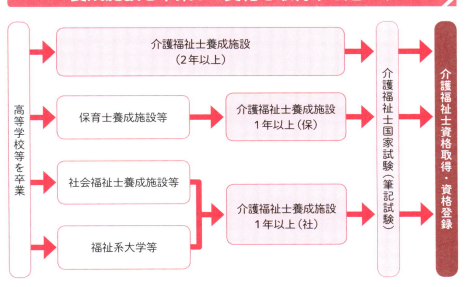

Chapter 1 介護福祉士の専門常識その1　介護福祉士になるには

介護福祉士への道② 実務経験と実務者研修

- 国家試験の受験資格である実務経験の内容を理解する
- 実務者研修のしくみを把握する

実務経験と実務者研修が国家試験受験資格

　介護の実務経験（介護等の業務）によって国家試験の受験資格を得る場合、確認すべきことが2つあります。ひとつは実務経験の内容です。**対象の施設・事業での従業期間が3年（1095日）以上で、介護等の業務に実際に従事した出勤日数が540日以上であることで、実務経験として認められます。**

　もうひとつ確認すべきことは、実務者研修の受講についてです。2016（平成28）年度から、**実務経験で国家試験の受験資格を得るには、450時間の「介護福祉士養成実務者研修」の修了が必須になりました。**介護の現場で働く場合、実務者研修の前に「介護職員初任者研修」を受講し、介護の基礎ややりがいなどを学ぶのが一般的です。ただし初任者研修は、実務者研修のように国家試験の受験資格ではないため、その後、実務者研修を受講することになります。

実務経験の範囲とされる施設・事業

1. 社会福祉施設等
    - ❶ 児童福祉法関係の施設・事業
    - ❷ 障害者総合支援法関係の施設・事業
    - ❸ 老人福祉法・介護保険法関係の施設・事業
    - ❹ 生活保護法関係の施設
    - ❺ そのほかの社会福祉施設・事業
2. 病院または診療所
3. 介護等の便宜を供与する事業

※対象となる施設などの詳細は、介護福祉士の国家試験を管轄している（公財）社会福祉振興・試験センターのホームページで確認しましょう。

初任者研修と実務者研修

　初任者研修は、介護未経験の人が基礎的な介護の知識や技術、理念を身につけて介護の仕事に就くためのもので、介護の導入研修として用いられることが多いです。実務者研修は、初任者研修よりも幅広い知識などを得るための科目がそろっており、介護に関する知識・技術・理念を最初からひととおり学ぶことができます。

　どちらも「研修」という名称がついていますが、受講科目の多くは学校に通わず、通信教育で受講が可能です。実務者研修では、ホームヘルパー1～3級や介護職員基礎研修といった、以前の介護に関する資格を取得している人は、そのときに学んだ科目や内容を実務者研修に割り当てることで、科目や時間が免除されます。また、初任者研修を受講した人も、実務者研修受講時に重複する科目が免除となります。詳細は、各研修の事業者に確認しましょう。研修事業者については、ハローワークや福祉人材センターなどでも案内してくれます。

初任者研修・実務者研修の受講科目と受講時間数

科目名	初任者研修	実務者研修	時間数(時間)
人間の尊厳と自立	○	○	5
社会の理解Ⅰ	○	○	5
社会の理解Ⅱ	×	○	30
介護の基本Ⅰ	○	○	10
介護の基本Ⅱ	×	○	20
コミュニケーション技術	×	○	20
生活支援技術Ⅰ	○	○	20
生活支援技術Ⅱ	○	○	30
発達と老化の理解Ⅰ	×	○	10
発達と老化の理解Ⅱ	×	○	20

科目名	初任者研修	実務者研修	時間数(時間)
認知症の理解Ⅰ	○	○	10
認知症の理解Ⅱ	×	○	20
障害の理解Ⅰ	○	○	10
障害の理解Ⅱ	×	○	20
こころとからだのしくみⅠ	○	○	20
こころとからだのしくみⅡ	×	○	60
介護過程Ⅰ	○	○	20
介護過程Ⅱ	×	○	25
介護過程Ⅲ	×	○	45
医療的ケア	×	○	50
医療的ケア(講習・演習)	×	○	16

Chapter 1 介護福祉士の専門常識その1 介護福祉士になるには

介護福祉士への道③
介護福祉士の養成施設

❖ 介護福祉士の養成施設の種類を知る
❖ 1年制の養成施設に入学できる資格を把握する

介護の知識・技術・理念を基礎から学ぶ

　介護福祉士の養成施設は、**厚生労働大臣から指定を受けたもので、四年制大学・短期大学・専門学校**などがあります。養成施設で介護福祉士資格を取得するには、法律で決められた養成課程科目の履修が必要です。科目には介護に関する教科の学習や実技などが含まれており、介護施設での実習が義務づけられています。**養成施設で介護福祉士の資格を得るには、実務経験ルートよりも時間や費用が必要になるものの、介護に関することを基礎からじっくりと学ぶことができます。**また、養成施設によっては、福祉に関する幅広い知識を得られる講義を受けたり、介護福祉士以外の資格を取得することが可能ですので、養成施設ごとの特徴を確認しておきましょう。

　これまでは、介護福祉士の養成施設を卒業することで介護福祉士資格が得られましたが、**2017（平成29）年度からは、介護福祉士の国家試験の受験資格だけが得られることに改められ、国家試験の受験が必須となりました。**ただし、2017年度から2021（平成33）年度の卒業者は、暫定的に卒業時に介護福祉士資格が取得できます。その場合、卒業後5年以内に国家試験に合格するか、または卒業後に5年間介護現場で働くことで、介護福祉士資格を保持することが可能となります。2022（平成34）年度以降の卒業者は、実務経験ルートなどと同様に、国家試験に合格することが介護福祉士資格を取得する要件になります。

各養成施設の特徴

四年制大学
- 介護だけでなく、福祉全般の幅広い知識を学べる。
- 一般教養も学べる。
- 社会福祉士や保育士などの福祉系の資格や受験資格も取得できる。

短期大学
- 2年で介護全般の知識・技術を身につけられる。
- 一般教養も学べる。
- 学校によっては、保育士の資格も取得できる。

専門学校

2年制
- 2年で介護全般の知識・技術を身につけられる。
- 即戦力となる介護福祉士の育成に力を入れている。

3年制
- 一般教養も学べる。
- 学校によっては、社会福祉士や保育士などの資格や受験資格も取得できる。

1年制の養成施設について

　下記の条件を備えている人は、1年制の介護福祉士の養成施設に入学が可能で、卒業により介護福祉士の国家試験の受験資格を取得することができます。また、P.30で説明した2017～2021年度卒業者対象の暫定措置も適用されます。1年制の養成施設は、保育士資格取得者向けと、社会福祉士受験資格者・福祉系大学卒業者向けの2つに分かれています。

Chapter 1 介護福祉士の専門常識その1 介護福祉士になるには

介護福祉士への道④
介護福祉士の国家試験

❖ 介護福祉士の国家試験の合格基準や合格率などを理解する
❖ 国家試験までのスケジュールを把握する

合格には60％以上の得点が必要

　介護福祉士の国家試験は、筆記試験と実技試験で構成されています。**筆記試験は4領域12科目で実施されます。5肢択一式の出題で、解答形式はマークシートです。全部で125問が出題され、各問1点で計算して125点満点で採点します。**

　介護福祉士国家試験の指定試験機関である（公財）社会福祉振興・試験センターによると、筆記試験の合格には下記の2つの条件を満たすことが求められています。

> **ア.** 問題の総得点の60％程度を基準として、問題の難易度で補正した点数以上の得点の者。
> **イ.** アを満たした者のうち、以下の試験科目11科目群（▶P.33）すべてにおいて得点があった者。

　実技試験は、筆記試験に合格した人が対象で、現在は福祉系コースの高校を卒業した人だけが対象です（▶P.27）。
　国家試験の合格率は毎年60％前後を維持しており、受験者の2人に1人以上は合格できる試験ですが、出題される範囲が広いため、どの科目も丹念に学習しなければなりません。 また、試験科目は初任者研修や実務者研修の受講科目と一致している（▶P.29）ことからも、受験に至るまでの学習や、現場での実務経験がすべて出題範囲と考え、日々の学習・実務に励みましょう。

筆記試験の受験スケジュール

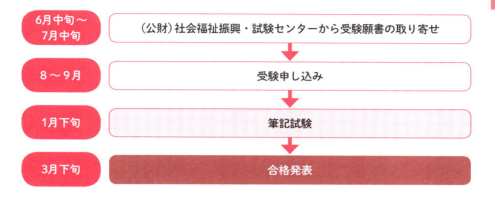

筆記試験の試験科目

筆記試験の試験科目は12科目で、これを11の科目群にまとめています。科目群の中で1つでも無得点（0点）があると、不合格になります。

試験科目

領域	人間と社会	介護	こころとからだのしくみ	医療的ケア	総合問題
科目	●人間の尊厳と自立 ●人間関係とコミュニケーション ●社会の理解	●介護の基本 ●コミュニケーション技術 ●生活支援技術 ●介護過程	●発達と老化の理解 ●認知症の理解 ●障害の理解 ●こころとからだのしくみ	●医療的ケア	●総合問題

科目群

❶ 人間の尊厳と自立、介護の基本
❷ 人間関係とコミュニケーション、コミュニケーション技術
❸ 社会の理解
❹ 生活支援技術
❺ 介護過程
❻ 発達と老化の理解
❼ 認知症の理解
❽ 障害の理解
❾ こころとからだのしくみ
❿ 医療的ケア
⓫ 総合問題

Chapter 1 介護福祉士の専門常識その1　介護福祉士になるには

介護福祉士の キャリアアップ

❖ 介護福祉士のキャリアアップの道のりを確認する
❖ 介護福祉士に向いている資格にはどのようなものがあるか

キャリアアップ制度やほかの資格を目標に

　やる気を保ちながら介護福祉士として働き続けるには、キャリアアップをめざすことが不可欠です。**2012（平成24）年度から「介護プロフェッショナルキャリア段位制度」が実施され、多くの介護福祉士がチャレンジしています**。これは介護サービスの事業所・施設ごとにおこなわれている職業能力評価に共通の目安を導入して、介護職としての能力を判断するものです。この制度では、介護職は「キャリア段位」と呼ばれる7段階でレベル認定され、段位ごとに給与面でプラスになるしくみになっています。

　また、**2015（平成27）年には、介護福祉士の上位資格として設定された「認定介護福祉士」の制度も開始しています**。これは介護チームのリーダー育成や介護の専門性向上をめざした資格で、介護福祉士のキャリアアップの整備を担うものとして期待されています。認定介護福祉士に認定されるには、「実務経験が7～8年以上」「介護チームのリーダーの経験」「施設・在宅、両方の介護の経験」などの経験や能力が必要です。

　介護福祉士以外の介護関連の資格を取得するのも、キャリアアップのひとつです。介護サービスの総合的なコーディネーターである介護支援専門員（ケアマネジャー）や認知症ケア専門士、福祉レクリエーション・ワーカーなどの介護の専門分野に特化した資格を取得することで、仕事の幅を広げ、これまで以上にやりがいをもって介護業務に取り組むことができるでしょう。

介護プロフェッショナルキャリア段位制度のポイント

実践力が評価される
- 介護福祉士などの「仕事を得るための資格」とは違い、介護現場での実践力を評価するもの。
- 実務経験で得られた介護の知識や技術を、一定の基準で評価し、証明する。
- 転職する場合でも、介護の実践能力をわかりやすく伝えられる。

レベルは1から7まで
- 段位はレベル1からレベル7までである。
- 現在はレベル1〜4の認定がおこなわれており、将来的にはレベル5〜7の認定も作られる予定。

知識と技術の両方で評価
- 評価は「わかる(知識)」と「できる(実施スキル)」の両方を合わせておこなう。
- 「わかる(知識)」は、取得している資格(介護福祉士など)で評価が決まり、「できる(実施スキル)」は、介護現場での実践で評価される。
- 両者が一致したレベルで、段位が認定される。

キャリアアップのための資格

介護支援専門員（ケアマネジャー）

▶資格・仕事内容
都道府県が管轄する公的資格。介護の相談に応じ、必要な介護サービスなどを手配して、関係者と連携して介護支援をおこなう。

▶資格取得方法
介護等の業務を5年以上経験したのち、「介護支援専門員実務研修受講試験」を受験・合格したうえで、ケアマネジャー業務にかかわる「実務研修」を修了する。

認知症ケア専門士

▶資格・仕事内容
日本認知症ケア学会が認定する民間資格。認知症に関する高度な知識と技術、倫理観によって、認知症ケアの計画・実践をおこなう。

▶資格取得方法
受験実施年より過去10年間において、3年以上の認知症ケアの実務経験(教育・研究・診療を含む)のある人が、「認知症ケア専門士認定試験」を受験する。

福祉レクリエーション・ワーカー

▶資格・仕事内容
福祉レクリエーション援助の専門家として、高齢者や障害者の介護目標に合った、レクリエーションを計画・実施・評価をおこなう。

▶資格取得方法
財団法人日本レクリエーションワーカー協会が主催する養成講習会を受講し、その後に認定試験を受験・合格する。

《介護福祉士になるには》 理解度チェック問題

問1　正しいものに○、間違っているものに×をつけなさい。

❶ 介護福祉士は国家資格である。

❷ 介護福祉士の仕事には、「介護の予防」は含まれない。

❸ 介護福祉士の国家試験では、すべての受験者が筆記試験と実技試験を受ける必要がある。

❹ 介護福祉士の資格を取得する方法は、養成施設を卒業することだけである。

❺ 介護する人と介護される人の両者が高齢者である状態を、「老老介護」という。

❻ 介護福祉士の仕事のうち「生活援助」とは、利用者の日常生活における家事を手助けすることである。

❼ 介護福祉士は、利用者の家族からの相談に応じてはいけない。

❽ 介護福祉士は、高齢者だけでなく、障害者の介護もおこなう。

❾ 介護が必要な利用者に対しては、心身状態の悪化を防ぐ介護をおこなう必要はない。

❿ 身体介護では、食事・排泄・入浴・移動などを手助けする。

⓫ 三福祉士の中に、介護福祉士は含まれている。

答え

問1　❶○　❷×　❸×　❹×　❺○　❻○　❼×　❽○　❾×　❿○　⓫○

問2 下のカッコにあてはまる語句を答えなさい。

▶ 少子高齢化とは、（ ❶ ）が低下する一方、平均寿命がのびて総人口に占める子どもの割合が（ ❷ ）する「少子化」と、総人口内の高齢者の割合が（ ❸ ）する「高齢化」が同時に発生・進行している状態のことを指す。

▶ 現在の日本では、急速に少子高齢化が進んでおり、いまや（ ❹ ）の減少も進み始めている。

問3 下の❶～❻の、福祉の種類の説明にふさわしいものをA～Fから選びなさい。

❶ 生活保護
❷ 児童福祉
❸ 身体障害者福祉
❹ 知的障害者福祉
❺ 高齢者福祉
❻ ひとり親家庭への福祉

A：身体障害者福祉法にもとづいて実施
B：経済的に困窮している人に対する支援をおこなう
C：母子・父子・寡婦福祉法にもとづいて実施
D：保育所をはじめとする児童福祉施設などを設置
E：高齢者が尊厳のある自立した生活が送れるように支援する
F：知的障害者が暮らしやすい社会をめざす

答え

問2 ❶出生率 ❷低下 ❸上昇 ❹人口
問3 ❶B ❷D ❸A ❹F ❺E ❻C

問4 下の❶〜❸は、福祉の内容について述べた文章である。カッコ内で正しいほうを選びなさい。

❶ 生活保護法・児童福祉法・身体障害者福祉法・母子及び父子並びに寡婦福祉法・知的障害者福祉法・老人福祉法を合わせて{**福祉六法・福祉三法**}と呼ぶ。

❷ {**介護・QOL**}とは、その人が人間らしく生活し、幸福を感じているかを基準に評価する考え方のことである。

❸ 高齢者の心身の健康と生活の安定のために、必要な措置を定めた法律は{**老人福祉法・生活保護法**}である。

問5 下の❶〜❸の、三福祉士の説明にふさわしい内容をA〜Bより、活躍の場にあてはまるものをア〜ウより選びなさい。

❶ 社会福祉士　　❷ 精神保健福祉士　　❸ 介護福祉士

▼説明

A：身体的・精神的・経済的なハンディキャップのある人の支援をする。
B：高齢者や障害者の、生活全般にわたって介護をする。
C：精神的な障害を抱えた人にアドバイスをしたり、生活支援をおこなう。

▼活躍の場

ア：精神科のある病院・診療所など
イ：各種介護サービスの事業所・施設など
ウ：障害者支援施設、特別養護老人ホームなどの社会福祉施設など

答え

問4 ❶ 福祉六法　❷ QOL　❸ 老人福祉法　　問5 ❶ A、ウ　❷ C、ア　❸ B、イ

問6 下の文章は、介護福祉士国家試験の受験資格である実務経験について述べた文章である。カッコにあてはまる語句を答えなさい。

▶ 実務経験として認められるのに必要な年数は（ ❶ ）年以上で、介護などの業務に実際に従事した出勤日数が（ ❷ ）日以上必要になる。

▶ 実務経験を受験資格にするには、450時間の（ ❸ ）の修了が必須である。

▶ 介護の現場で働く場合には、介護の基礎ややりがいなどを学ぶために、実務者研修の前に（ ❹ ）を受講するのが一般的である。

問7 下の❶～❹の説明にあてはまる語句を、枠の中から選びなさい。

❶ 高齢者や障害者の介護目標に合った、レクリエーションを計画・実施・評価をおこなう専門家としての資格。

❷ 2012年度から開始した、介護職としての実践能力を判断する段位制度。

❸ 認知症に関する高度な知識と技術、倫理観を有していることを認める資格。

❹ 介護が必要な高齢者などの相談に応じ、介護サービスなどを手配するなどして、介護支援をおこなうための資格。

認知症ケア専門士　福祉レクリエーション・ワーカー
介護プロフェッショナルキャリア段位制度
介護支援専門員（ケアマネジャー）

答え

問6 ❶ 3　❷ 540　❸ 実務者研修　❹ 初任者研修　　問7 ❶ 福祉レクリエーション・ワーカー
❷ 介護プロフェッショナルキャリア段位制度　❸ 認知症ケア専門士
❹ 介護支援専門員（ケアマネジャー）

Column 2
介護福祉士インタビュー❷

Q 介護福祉士になる前に、身につけておくべきことはありますか？

Dさん
介護の仕事では、とにかく体力が必要です！ 重労働であるため、肉体的な体力はもちろんですが、風邪などにかからない抵抗力としての体力もつける必要があります。そのためには、3食しっかり食べて規則正しい生活を送ったり、適度な運動を日常に取り入れることが大切だと思っています。特に十分な休息や睡眠を取ることが大切です。

Eさん
「相手の気持ちを考えて行動する」ということを、肝に銘じておいてほしいです。介護現場では利用者の気持ちに寄り添って介護をする必要があるので、人の気持ちをくみ取り、理解することは必要不可欠なのです。そのためにも、相手の話を否定せずに聞いて、しっかり受けとめることをいまから練習しておくといいと思います。

Fさん
趣味を見つけたり、気晴らしの方法を身につけておくといいですよ。人と接することの多い介護福祉士の仕事では、どうしてもストレスが溜まってしまうので、ストレス解消の方法や没頭できる趣味があると、仕事を忘れて打ち込めますし、「よし、仕事もがんばろう！」とやる気を復活させることもできるので、おすすめです。

Chapter 2

介護福祉士の専門常識その2
介護福祉士の働き方

介護福祉士は高齢者や障害者などに介護サービスを提供する事業所や施設で勤務しています。この章では、介護サービスにはいろいろな種類があることを知り、そこで活躍する介護福祉士の働き方を、待遇面や仕事の探し方なども含めて確認しましょう。

介護福祉士にはどんな勤務先や働き方があるのかを頭に入れておくことで、自分がめざすべき介護福祉士像をはっきりと思い描くことができます。

Chapter 2 介護福祉士の専門常識その2　介護福祉士の働き方

介護の仕事の魅力

❖ 介護の仕事の魅力は何かを理解する
❖ ほかの職業にはない利点を知る

どんな人でも就労可能な奥深い仕事

　高齢者や障害者の生活を支える介護は、決して楽な仕事とはいえません。しかし、**介護の現場で長年働いている人たちからは、「介護は奥深い仕事で、多くの場面でやりがいを感じられる」という介護の魅力を語る言葉が聞かれます。**これは介護が、利用者の生活や人生、命に寄り添い、体調や心情にかかわる仕事のためです。人の生活や体調、心情などはそれぞれ異なり、日々変化するので、毎日・毎回の介護はまったく同じではなく、そのときの利用者の状態に合った支援をしなくてはなりません。それは大変なことですが、介護者が自分自身を日々進化させることにもつながるのです。

　また**介護の仕事は、年齢や性別、職歴などを問わずに就けることも魅力のひとつです。**体力のある若い介護者から、経験を積んで考えの幅が広がったベテランの介護者まで、さまざまな世代の介護者が連携してそれぞれの強みや良さを生かしながら、よりよい介護を実現していくことが望まれています。

介護業界の仕事を選んだ理由

理由	割合
働きがいのある仕事だと思ったから	52.2%
資格・技能が生かせるから	35.8%
今後もニーズが高まる仕事だから	34.1%
人や社会の役に立ちたいから	31.8%
お年寄りが好きだから	24.1%
介護の知識や技能が身に付くから	24.3%
自分や家族の都合の良い時間(日)に働けるから	16.1%
身近な人の介護の経験から	16.1%
生きがい・社会参加のため	14.7%
他によい仕事がないため	10.0%

＜(公財)介護労働安定センター「平成27年度介護労働実態調査」をもとに作成＞

介護職の魅力のポイント

年齢・性別問わずに働ける

介護は利用者の生活全般を手助けする仕事なので、生活者としての経験と感覚があれば、年齢や性別、職歴などを問わずに働けます。

主婦であることが強みになる

家庭で家族の生活の世話をしてきた主婦の中には、介護現場で利用者の生活全般への気配りができる人が多いです。

介護の知識・技術が身につく

介護現場で実践により身につけた介護の知識・技術は、自分の家族などを介護するときに活かすことができます。

就職・転職がしやすい

高齢化が進む日本では、介護職はどの地域においても求められる職業のため、就職しやすく、他業種からの転職者も増えています。

どんな時代・状況でも求められる職業

時代や社会状況が変わっても、介護を必要とする人は必ず存在するため、介護職はどんな時代・状況においても求められる職業です。

希望に合った職場を選べる

2015年時点で、介護職は一般職の約2倍の求人がある(▶ P.54)ため、自分の希望に合った職場を選びやすいです。

将来性がある

高齢化が進むほどに成長・発展する分野である介護は、今後需要が一層増加すると考えられるため、介護職は将来性のある職業といえます。

やりがいを感じられる

介護職は手助けをする職業であるため、「ありがとう」と利用者やその家族から感謝される機会が多く、やりがいを強く感じられます。

Chapter 2　介護福祉士の専門常識その2　介護福祉士の働き方

介護サービスの種類

❖ 介護サービスと要介護・要支援認定の関係を理解する
❖ 介護サービスの種類とそれぞれの内容を知る

介護保険適用によるサービスが中心

　少子高齢化が進む現在において、介護福祉士は高齢者を支える介護サービスに従事することが多いです。

　高齢者向けの介護サービスは、一般的には介護保険制度（▶P.142〜147）の適用によって、一人ひとりの必要性に応じて提供されます。介護保険の適用には、対象の高齢者がどの程度の支援や介護を必要としているかを、「要介護」「要支援」という区分で判断する「要介護・要支援認定」（▶P.148〜149）をおこなう必要があります。**要介護5〜1の認定者は「介護給付」、要支援2〜1の認定者は「予防給付」をそれぞれ利用できます**。このほかにも、「地域支援事業」という市町村による事業も利用できます。

　介護給付と予防給付は、高齢者の生活状況や心身の状態、高齢者とその家族の必要性や要望に合ったサービスを提供するために、さらに「居宅サービス」「施設サービス」「地域密着型サービス」などに分類されます。

! KEYWORD

要介護・要支援
体や精神の障害により、一定期間（原則として6ヶ月）以上継続して、寝たきりや認知症などで常時介護を必要とする高齢者を「要介護」、家事や身支度といった日常生活に支援が必要になった高齢者を「要支援」と認定します（詳細はP.148〜149を参照）。

介護サービスの分類

介護保険適用の介護サービスは、下記の通りに分類できます（介護福祉士がおもに活躍する、介護給付に含まれる介護サービスの詳細については、P.46～47を参照）。

介護給付

▶ 特徴

要介護5～1の認定者を対象にした介護サービスです。比較的介護の度合いが重い高齢者の自立生活の支援や、家族の介護負担軽減のために提供されます。

▶ サービスの分類
- 居宅サービス
- 施設サービス
- 地域密着型サービス

予防給付

▶ 特徴

要支援2～1の認定者を対象にした介護サービスです。寝たきりなどの要介護状態になるのを防ぐ「介護予防」という観点から、自立生活の支援のために提供されます。

▶ サービスの分類
- 介護予防サービス
- 地域密着型介護予防サービス

地域支援事業

▶ 特徴

要支援2～1の認定者や、認定には該当しないものの何らかの支援を必要とする高齢者、健康な一般高齢者を対象としたサービスで、市町村が主体となって実施されます。

▶ サービスの分類
- 介護予防・日常生活支援総合事業（高齢者に介護予防と生活支援をおこなう）
- 包括的支援事業（高齢者が地域で自立した生活が送れるように相談・援助などをおこなう）
- 任意事業（市町村の裁量で、地域の現状に合った取り組みをおこなう）

介護サービスの種類

居宅サービス

- 自宅で暮らす高齢者などが対象のサービスです（利用には要介護の認定が必要）。
- 自宅のほか、有料老人ホームなど、共同生活ながらも個人の生活を重視している施設系のサービスも含まれています。

分類	介護サービス	内容
訪問サービス	訪問介護（ホームヘルプサービス）	利用者の自宅で、家事や介護をおこなう。
	訪問入浴介護	利用者の自宅で、移動式浴槽による入浴の介護をおこなう。
	訪問看護	利用者の自宅で、医師の指示にもとづいた医療処置などをおこなう。
	訪問リハビリ	利用者の自宅で、リハビリの指導や支援をする。
通所サービス	通所介護（デイサービス）	日中に自宅から通う利用者に、介護や機能訓練、レクリエーションなどを提供する。
	通所リハビリ（デイケア）	日中に自宅から通う利用者に、介護やリハビリなどを提供する。
短期入所サービス（ショートステイ）	短期入所生活介護	利用者が特別養護老人ホームなどの福祉施設に数日間入所し、介護や機能訓練などのサービスの提供を受ける。
	短期入所療養介護	利用者が介護老人保健施設などの医療系施設に数日間入所し、介護やリハビリなどのサービスの提供を受ける。
その他のサービス	特定施設入居者生活介護（有料老人ホーム、軽費老人ホーム等）	さまざまな入居施設で、介護や機能訓練、レクリエーションなどのサービスの提供を受ける。
	福祉用具貸与	利用者にベッドや車いす、杖、歩行器などの福祉用具をレンタルする。
	特定福祉用具販売	利用者に腰掛便座や入浴補助用具などの福祉用具を販売する。
	住宅改修	自宅で生活しやすいように、手すりなどの設置などの住宅の改修をおこなう。
	居宅療養管理指導	利用者の自宅で、療養するにあたっての管理やアドバイスをおこなう。
	居宅介護支援	ケアマネジャーが、利用者やその家族の必要性や要望に応じたケアプランを作成する。

施設サービス

- 自宅での介護が困難になった高齢者などが、特別養護老人ホームなどの施設に長期にわたって入所し、介護やリハビリなどを受けるサービスです。
- 施設サービスは、要介護の認定者だけが利用できます（介護老人福祉施設は要介護3以上）。

分類	介護サービス	内容
施設サービス	介護老人福祉施設	特別養護老人ホームに長期間滞在する利用者に対し、介護や機能訓練、レクリエーションなどをおこなう。
	介護老人保健施設	老人保健施設で一定期間受け入れた利用者に対し、リハビリや介護などをおこなう。
	介護療養型医療施設	介護療養型医療施設に滞在する利用者に対し、医学的管理のもとで介護やリハビリ、医療処置などをおこなう。

地域密着型サービス

- 認知症の高齢者や、中〜重度の要介護高齢者などが、住み慣れた地域で暮らし続けられるように支援をおこなうサービスです（利用には要介護の認定が必要）。
- 事業所・施設が所在する市町村在住の高齢者などに対して、サービスを実施します。

分類	介護サービス	内容
訪問・通所型サービス	小規模多機能型居宅介護	小規模施設で、通い・訪問・泊まりなどのサービスを組み合わせて提供する。
	地域密着型通所介護	定員18人以下のデイサービス。
	夜間対応型訪問介護	夜間に定期的に巡回して排泄介助や安否確認をする「定期巡回」と、緊急時などに要請があれば対応する「随時訪問」をおこなう。
	定期巡回・随時対応型訪問介護・看護	訪問介護・訪問看護が一体となり、あるいは連携して、「定期巡回」と「随時訪問」を24時間対応でおこなう。
	看護小規模多機能型居宅介護	小規模多機能型居宅介護と訪問看護のサービスを組み合わせて提供する。
認知症対応型サービス	認知症対応型通所介護	認知症で介護の必要な高齢者に対するデイサービス。
	認知症対応型共同生活介護（グループホーム）	認知症で介護の必要な高齢者が、5〜9人のグループで、介護職員の支援を受けながら共同生活をする。
施設・特定施設型サービス	地域密着型介護老人福祉施設入所者生活介護	定員30人未満の特別養護老人ホーム。
	地域密着型特定施設入居者生活介護	定員30人未満の有料老人ホームなど。

2 介護福祉士の専門常識その2 介護福祉士の働き方

Chapter 2 介護福祉士の専門常識その2 介護福祉士の働き方

介護福祉士が活躍できる場

❖ 介護福祉士が活躍する介護サービスについて把握する
❖ 自宅向けサービスと施設系サービスの、それぞれの特徴を知る

在宅サービスと施設系サービス

　介護福祉士が活躍する介護サービスは、自宅に住む利用者の介護にかかわる訪問・通所などの「在宅サービス」と、自宅などから入所・入居した利用者の介護に携わる「施設系サービス」の2つに大きく分けることができます。

　高齢者向けのサービス（▶P.46～47）は、介護保険制度（▶P.142～147）にもとづいて管理・運営され、要介護・要支援認定（▶P.148～149）を受けた高齢者の生活支援や介護などを実施します。障害者向けのサービス（▶P.154～155）は、障害者総合支援法にもとづいて管理・運営され、障害のある人に対して、障害の度合いなどに合った介護や社会参加の支援などを実施します。

　ここでは介護保険制度のサービスを中心に、介護福祉士資格を活かして活躍できる代表的な介護サービスの特徴を中心に紹介します（▶P.49～51）。

! KEYWORD

▼ 介護保険制度
40歳以上の介護が必要になった人が利用する介護サービスの料金を税金と保険料で補助して、1割または2割の自己負担にします。

▼ 障害者総合支援法
0歳以上からおおむね65歳未満の介護が必要な人が利用する介護サービスの料金を税金で補助して、1割未満の自己負担にします。

資格を活かせる職場❶　介護保険制度の在宅サービス

訪問介護（ホームヘルプサービス）

- 訪問介護員（ホームヘルパー）が、必要な曜日・時間に要介護の利用者宅を訪問し、身体介護や生活援助などをおこなう。
- 訪問介護員は介護福祉士などの有資格者が就き、介護福祉士は上役であるサービス提供責任者になれる。

夜間対応型訪問介護

- 訪問介護員が、夜間（22時～翌6時を含む）に定期巡回または通報によって、要介護の利用者宅を訪問し、身体介護をおこなう。
- 通常は車で移動する。おむつ交換など排泄介助や就寝介助などの利用が多い。

定期巡回・随時対応型訪問介護・看護

- 訪問介護員が訪問看護師と連携して、昼間・夜間の24時間体制で定期的な巡回や通報があったときに、要介護の利用者宅を訪問して身体介護をおこなう。
- 通常は車で移動する。介護度が重く、医療対応を必要とする利用者が多い。

訪問型サービス

- 介護職員（訪問介護員など）が、支援を必要とする高齢者（要支援認定者など）の自宅を訪問し、生活援助などをおこなう。
- 介護予防・日常生活支援総合事業における介護予防・生活支援サービス事業のひとつで、訪問介護事業所などが実施。

訪問入浴介護

- 介護職員や看護職員が、要介護・要支援の利用者の自宅に浴槽を車で運び、入浴の介助をおこなう。
- 寝たきりなど、自宅の浴室を利用できない高齢者がおもに利用する。入浴を好む高齢者によろこばれるサービス。

通所介護（デイサービス）

- 自宅から送迎車などで通う要介護の利用者に、機能訓練やリハビリ効果のあるレクリエーション、介護などをおこなう。
- 単独開業のほか、特別養護老人ホームなどの福祉施設に併設もされている。介護福祉士は生活相談員としても勤務する。

認知症対応型通所介護

- 自宅から送迎車などで通う認知症の利用者に、レクリエーションや介護などをおこなう。定員は12人以下で、認知症の利用者が落ち着ける環境にする。
- 単独開業のほか、特別養護老人ホームなどの福祉施設にも併設されている。

地域密着型通所介護

- 自宅から送迎車などで通う要介護の利用者に、機能訓練やリハビリ効果のあるレクリエーション、介護などをおこなう。
- 定員18人以下のデイサービス。地域密着型サービスのひとつで、事業所がある市町村に住む要介護の利用者が通う。

2　介護福祉士の専門常識その2　介護福祉士の働き方

通所型サービス

- 自宅から通う要支援認定者や、要介護・要支援に該当しないものの支援が必要な高齢者に、介護予防の取り組みを実施。
- 訪問型サービスと同様、介護予防・生活支援サービス事業のひとつ。通所介護事業所などでサービスを提供。

通所リハビリテーション（デイケア）

- 自宅から送迎車などで通う利用者に、医師の指示のもと、理学療法士などが担当するリハビリや介護などをおこなう。
- 病院・診療所などの医療機関や介護老人保健施設に併設。事業所内で医療関係職と密接に連携しながら介護をする。

短期入所生活介護（ショートステイ）

- 在宅介護をする家族の休養のため、1～2週間ほど入所する利用者の介護や機能訓練などをおこなう。
- 単独開業のほか、特別養護老人ホームなどの福祉施設に併設もされている。介護福祉士は生活相談員としても勤務する。

短期入所療養介護（ショートステイ）

- 在宅介護をする家族の休養のため、1～2週間ほど入所する利用者の介護やリハビリ、医療措置などをおこなう。
- 病院・診療所などの医療機関、介護老人保健施設などに併設されており、医療関係者と密接に連携しながら介護する。

小規模多機能型居宅介護

- 要介護・要支援の利用者に対して訪問・通い・泊まりのサービスを提供し、自宅での自立した生活を支援するとともに、家族介護者の負担を軽減する。
- 訪問・通い・泊まりを柔軟に提供でき、認知症の利用者などに向いている。

福祉用具貸与・販売

- 在宅の要介護・要支援の利用者の自立支援や家族介護者の負担を軽減するため、必要な福祉用具をレンタル・販売する。
- 福祉用具の選定や説明などをする福祉用具専門相談員には、福祉用具専門相談員研修修了者や介護福祉士などが従事。

資格を活かせる職場❷　介護保険制度の施設系サービス

介護老人福祉施設（特別養護老人ホーム）

- 要介護3以上の在宅介護が難しい高齢者が入所。介護や健康管理、機能訓練、看取りの介護などをおこなう。
- 介護職員は、早番・日勤・遅番・夜勤などの交代制で勤務する。おもに日中勤務を担当するパートの仕事もある。

介護老人保健施設

- 自宅や医療機関などから入所した要介護の利用者に数ヶ月間、医師の指示のもとでリハビリなどをおこなう。
- 「終の住処」とされる介護老人福祉施設に対し、医療関係職と密接に連携して、利用者の在宅復帰を支援する施設。

特定施設入居者生活介護

- ▶ 介護付き有料老人ホームなどに入居した要介護・要支援の利用者に、介護や健康管理、機能訓練などをおこなう。
- ▶ 社会福祉法人などが運営する介護老人福祉施設に対し、株式会社などの民間事業者が運営。多様なサービスを提供する。

認知症対応型共同生活介護(グループホーム)

- ▶ 在宅介護が難しい要介護・要支援（要支援1を除く）の認知症の利用者が入居。介護や日常生活上の世話などをおこなう。
- ▶ 入居定員は5人以上9人以下。ほかの入所施設と同様に、介護職員は早番・日勤・遅番・夜勤などの交代制で勤務する。

資格を活かせる職場❸　障害者総合支援法のサービス

障害者総合支援法のもとでも、介護保険制度による介護サービスと同様の訪問・通所・短期入所・施設系のサービスがあります。そのほかにも、障害者の生活の幅を広げるための、下記のようなサービスもあります。

同行援護・行動援護（ガイドヘルプサービス）

- ▶ 同行援護では視覚障害者、行動援護では知的障害者・精神障害者などの、障害があるために外出が難しい人を支援する。
- ▶ 訪問介護事業所などでサービスを提供。事業所がある都道府県や市町村等の規定により、ガイドヘルパー研修の受講が必要な場合がある。

📝 MEMO　就職先選びでは、運営母体の方針もチェック

　介護福祉士が活躍する介護サービスの事業所・施設は、株式会社や有限会社、社会福祉法人、NPO法人、医療法人などの法人格により原則運営されています。仕事を探して就職するにあたっては、法人の介護に対する考え方・理念などに共感できるかどうかも重要です。
　また、病院・診療所などの医療機関でも、介護が必要な入院患者の生活を支えるために介護職を採用しています。

Chapter 2　介護福祉士の専門常識その2　介護福祉士の働き方

介護福祉士の待遇

❖ 介護職の待遇は改善しつつあることを知る
❖ 介護職の待遇は、事業所・施設によって異なることを理解する

処遇・給与面は改善しつつある

　ここ数年、介護福祉士をはじめとする介護職の処遇や給与の低さが話題になることが多いですが、国や自治体の取り組みによって少しずつ改善されています。

　たとえば国（厚生労働省）は、**2012年度より「介護職員処遇改善加算」を開始しました**。これは介護サービスの事業所・施設に支払う介護報酬を、介護サービスの種類などによって1〜8%ほど増額するしくみで、職員の資質向上、雇用管理の改善、労働環境の改善などの取り組みを実施する事業所・施設を対象にしています。これにともない、同じ2012年度の介護報酬改定では、介護報酬の引き上げを全体で1.2%おこなったことで、介護職員処遇改善加算の届け出をした事業所・施設の介護職の平均給与は、前年に比べて約7,000円増額されました。さらに2015年の介護報酬改定では、介護職員1人あたりの給与は、約14,000円引き上げられています（前年度比）。

! KEYWORD

▼ **介護報酬**
介護保険が適用される介護サービスを提供した事業所や施設に、支払われる報酬（公定価格）のことです。報酬は税金や介護保険料からの補助と、利用者の自己負担（1割または2割）からなっています。介護報酬の改定は3年ごとにおこなわれています。

介護職の給与

	月給		日給		時間給	
	労働者個別人数(人)	平均賃金(円/月)	労働者個別人数(人)	平均賃金(円/日)	労働者個別人数(人)	平均賃金(円/時)
全体	38,715	217,753	1,604	8,677	29,204	1,136
訪問介護員	2,078	191,751	228	8,804	9,190	1,289
サービス提供責任者	1,995	219,663	34	9,235	253	1,102
介護職員	19,106	198,675	912	8,155	12,035	935
看護職員	4,269	266,504	118	9,599	3,049	1,273
介護支援専門員	2,401	250,499	*23	*9,729	245	1,396
生活相談員または支援相談員	3,004	232,389	32	7,709	451	1,009
事業所管理者(施設長)	6,046	350,013	-	-	-	-

※＊が付いたデータは、サンプル数(回答数)が少ない(30未満)ため、参考値の位置づけ。
＜(公財)介護労働安定センター「平成27年度介護労働実態調査結果」もとに作成＞

給与のQ&A

Q 同じ介護職でも、無資格者と介護福祉士では給与は違いますか？

A 資格手当がプラスされることもある

事業所や施設によっては、介護福祉士の有資格者には、基本給に資格手当がプラスされることが多いです。

Q 介護職として経験を積むと給与は上がるのですか？

A リーダーや管理者には役職手当を加算

介護職のリーダーや管理者を任されると、基本給が上がったり、役職手当が加算されることがあります。

Q 国は介護職の待遇の改善に取り組んでいないのですか？

A 現在も改善について審議中

いいえ。現在、国会では「介護従事者の処遇改善」や「介護従事者の給与引き上げ」について審議されています。

Q 介護職の処遇改善に取り組んでいる自治体はありますか？

A 大都市を中心に取り組み中

東京都や神奈川県などの大都市圏を中心に、介護職の確保をめざした処遇改善に取り組む自治体が増えています。

Chapter 2　介護福祉士の専門常識その2　介護福祉士の働き方

就職先の探し方

❖ どのような基準で就職先を選ぶかを考える
❖ 自分に合った就職先を探すポイントを知る

長期間勤務できる就職先を探す

　介護現場は人手不足状態にあるため、その求人は増加傾向です。**2015年度の有効求人倍率（求職者1人に何件の求人があるかの指標）は2.68倍で、一般職の1.15倍と比べても求人が非常に多い状態であることがよくわかります**。特に介護福祉士の資格取得者や介護の経験者は、多くの事業所や施設から求められる人材なのです。

　しかし、正規職員を採用する事業所・施設ばかりではありません。最初は人材をパートタイマーや契約社員として採用し、働きぶりや適性を見たうえで正規雇用しようと考えている事業所・施設もあります。たとえ非正規雇用で働くことになっても、長く勤務できれば正規雇用になることもありますから、長期間にわたって勤務できる事業所・施設であるかを求人票の情報で確認しましょう。

　また近年は、人材派遣会社に登録し、派遣職員として働く介護職員も増えています。派遣会社と雇用契約を結んだ派遣職員は、派遣された事業所・施設で就業します。派遣職員は法律による派遣期間の制限があり、長期勤務はできません。しかし、いつかは正規雇用の職員になりたいと希望する場合には、派遣期間終了後に派遣職員と派遣先の双方の合意にもとづいて正規雇用職員になる「紹介予定派遣」というしくみもあります。くわしくはハローワークや派遣会社に問い合わせてみましょう。

求人情報の見方

　ハローワークや福祉人材センター、新聞、インターネットなど、就職先を探す方法はいくつかありますが、どの場合でも求人票で採用先の情報を確認することが大切です。自分の希望に合った就職先を選ぶためにも、確認すべき点を押さえておきましょう。

求　人　票

	ふりがな	しゃかいふくしほうじん○○かい			
求人先	法人名	社会福祉法人○○会			
	所在地	〒000-0000　東京都千代田区××町0-0-0　△△ビル5F			
	事業所名	福祉○○ホーム ②		入所者数	120名
① 事業内容		特別養護老人ホーム、デイサービスセンター、ホームヘルプステーション			
	求人詳細	職種	介護職	内容	利用者の介護・生活支援など
		人数	12名		
		資格等	介護福祉士、介護職員初任者研修修了等、普通自動車免許		
③ 採用条件等	給与	職責給	170,000円〜	合計	170,000円〜
		手当	ア.夜勤手当　5,000円/回(月4回)		
			イ.通勤手当　上限10,000円/月		
			ウ.その他手当　なし		
		賞与	年2回予定	昇給	年1回
		加入保険	健康保険、厚生年金保険、雇用保険、労災保険		
④	勤務時間	①7:00〜16:00　②9:00〜18:00　③11:00〜20:00　④16:30〜翌9:30 (夜勤)			
	休日	月9日の休日			
	その他	マイカー通勤不可			
採用試験	応募書類	履歴書、成績証明書、卒業見込証明書、健康診断書、資格取得見込証明書、登録証 (介護福祉士)、修了見込証明書・修了書 (初任者研修等)			
	選考方法	書類選考、面接、健康診断　⑤			

①事業内容
その事業所・施設がどのような介護サービスを提供しているのかは、もっとも大切なポイントです。

②施設の規模
介護福祉士が就職する施設には、利用者が十数人ほどの小規模なものから、数百人の大規模施設もあります。従業員数も確認し、働きやすさの目安にしましょう。

③給与・諸手当
給与の金額はもちろん、給与形態 (月給もしくは時給) も確認しましょう。資格手当や夜勤手当などの諸手当があるかどうかも確認します。

④勤務時間・休日
勤務時間は定時制かシフト制かをチェックしましょう。シフト制の場合は、夜勤の有無や、休日の取り方などを確認しておくとよいでしょう。

⑤選考方法
採用試験があったり、面接が数回にわたる事業所・施設もあります。また、介護福祉士などの資格を取得していることが採用の条件になることもあります。

Chapter 2　介護福祉士の専門常識その2　介護福祉士の働き方

履歴書の書き方

❖ 履歴書の書き方の基本を理解する
❖ それぞれの欄に書くべきことを把握する

文字は丁寧に書く

　採用先の求人に応募する場合、必ず履歴書を提出します。**採用側は、履歴書の内容はもちろんのこと、書かれている文字や書き方までもチェックをしていますので、好印象を与えられる履歴書の書き方を確認しておきましょう。**

　まず、文字は達筆である必要はありませんので、丁寧に書くことを心がけましょう。続け字や略字は避け、一画ずつはっきりと書くことで、仕事をするうえでの丁寧さの印象を与えることができます。書き損じた場合は、修正液を使わずに、新しい用紙で書き直します。最初に下書きをしておくと、事前に書き間違いを防ぐことができます。

　履歴書の内容でもっとも重視されるのは、「志望動機」の欄です。「なぜ自分は介護の仕事をしたいのか」「なぜこの事業所・施設で働きたいのか」の2つを関係づけて書くことが大切です。これまでに働いた経験がある場合は、「職歴」欄にその内容をわかりやすく書くようにしましょう。

書き終わったあとのチェックポイント

- ☐ 丁寧な字で書けているか
- ☐ 誤字・脱字はないか
- ☐ 写真を貼り忘れていないか
- ☐ 誰が読んでもわかりやすい内容になっているか
- ☐ 「志望動機」「本人希望欄」は、「です・ます」調で書いているか

履歴書の書き方のポイント

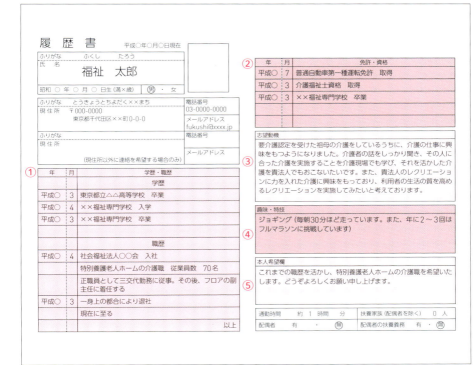

①学歴・職歴
学歴には最終学歴までを記入します。職歴には、以前の職場での仕事内容をわかりやすく書きます。職歴がない場合には「なし」と記入します。

②免許・資格
介護福祉士など、介護の仕事に関係のある資格は必ず書きましょう。それ以外の免許・資格でも、仕事に関係のあるものを中心に記入します。

③志望動機
「どうして介護の仕事をしたいのか」「どうしてここで働きたいのか」の2つを、自分の経験と絡めて書きましょう。

④趣味・特技
面接での会話のネタになることも多い部分ですので、大げさなことや嘘は書かずに、自分が本当に興味をもっていることを素直に書きましょう。

⑤本人希望欄
複数の職種の採用がある場合は、希望の職種を記入します。何らかの都合で勤務できない曜日や時間がある場合は、ここに記入します。

介護福祉士の働き方
理解度チェック問題

問1 下の❶〜❸の介護サービスの、説明にふさわしいものをア〜ウ、サービスの分類にふさわしいものをA〜Cより選びなさい。

❶ 介護給付　❷ 予防給付　❸ 地域支援事業

▼説明

ア：要支援2〜1の認定者や認定に該当しないが支援を必要とする高齢者、健康な一般高齢者を対象とした介護サービス

イ：要介護5〜1の認定者を対象にした介護サービス

ウ：要支援2〜1の認定者を対象にした介護サービス

▼サービスの分類

A：介護予防サービス、地域密着型介護予防サービス

B：居宅サービス、施設サービス、地域密着型サービス

C：介護予防・日常生活支援総合事業

問2 下の文章のカッコにあてはまる語句を答えなさい。

何らかの障害により、一定期間（原則として6ヶ月）以上にわたって、日常生活に支援が必要になった高齢者は（　❶　）、寝たきりなどの状態になって常時介護を必要とする高齢者は（　❷　）と認定される。

答え

問1　❶イ、B　❷ウ、A　❸ア、C
問2　❶要支援　❷要介護

問3

下の❶～❿は、居宅サービス・施設サービス・地域密着型サービスのうち、どれに分類されるサービスかを答えなさい。

❶ 利用者の自宅で、家事や介護をおこなう「訪問介護」

❷ 夜間に定期的に、または緊急時などに随時、利用者の自宅を訪問して介護をおこなう「夜間対応型訪問介護」

❸ 特別養護老人ホームの利用者に介護などをおこなう「介護老人福祉施設」

❹ 日中に自宅から通う利用者に、介護などを提供する「通所介護（デイサービス）」

❺ 入所した利用者にリハビリや介護などをおこなう「介護老人保健施設」

❻ 認知症の高齢者が、少人数のグループで共同生活をする「認知症対応型共同生活介護（グループホーム）」

❼ 車いすや歩行器などの福祉用具をレンタルする「福祉用具貸与」

❽ 生活しやすいように手すりの設置などをおこなう「住宅改修」

❾ 定員30人未満の特別養護老人ホームで、介護などをおこなう「地域密着型介護老人福祉施設入所者生活介護」

❿ 利用者が特別養護老人ホームなどの福祉施設に数日間入所する「短期入所生活介護」

答え

問3　❶ 居宅サービス　❷ 地域密着型サービス　❸ 施設サービス　❹ 居宅サービス　❺ 施設サービス　❻ 地域密着型サービス　❼ 居宅サービス　❽ 居宅サービス　❾ 地域密着型サービス　❿ 居宅サービス

問4 下の❶～❽の説明が示す介護サービス名を、枠の中から選びなさい。

❶ 訪問介護員（ホームヘルパー）が、要介護の利用者の自宅に訪問し、身体介護や生活援助などをおこなう。

❷ 介護職員や看護職員が、在宅の要介護・要支援の利用者のもとに浴槽を車で運び、入浴介助をおこなう。

❸ 送迎車などで自宅から通う要介護の利用者に、機能訓練やリハビリ効果を得るレクリエーション、必要な介護などをおこなう。

❹ 自宅で介護している利用者の家族の休養のために、利用者に１～２週間ほど入所してもらい、その間、必要な介護などをおこなう。

❺ 在宅の要介護・要支援の利用者の自立を支援し、家族などの介護者の負担を軽減するために、必要な福祉用具をレンタル・販売する。

❻ 在宅介護が困難なために入所した要介護３以上の高齢者に、必要に応じて介護や日常生活上の世話、健康管理、機能訓練、看取りの介護などをおこなう。

❼ 自宅や医療機関より入所してきた要介護の利用者に、数ヶ月間医師の指示のもとで理学療法士などによるリハビリなどをおこなう。

❽ 在宅介護が困難なために入所した要介護・要支援（要支援１を除く）の認知症の利用者に、必要に応じて介護や日常生活上の世話などをおこなう。

福祉用具貸与・販売　介護老人保健施設　訪問入浴介護
認知症対応型共同生活介護　短期入所生活介護
通所介護　訪問介護　介護老人福祉施設

答え

問4　❶ 訪問介護　❷ 訪問入浴介護　❸ 通所介護　❹ 短期入所生活介護　❺ 福祉用具貸与・販売　❻ 介護老人福祉施設　❼ 介護老人保健施設　❽ 認知症対応型共同生活介護

問5 下の文章のカッコにあてはまる数字を答えなさい。

- 2012年度の介護報酬改定では、介護報酬が全体で（ ❶ ）％引き上げられ、介護職員処置改善加算の届け出をおこなった事業所・施設に所属する介護職の平均給与は、前年比で約（ ❷ ）円増額した。
- 2015年の介護報酬改定では、介護職員1人あたりの給与において、前年度比約（ ❸ ）円の引き上げがあった。
- 介護保険が適用される介護サービスを提供した事業所や施設に、支払われる介護報酬の改定は、（ ❹ ）年ごとにおこなわれる。

問6 下の❶～❺は、履歴書の書き方について説明した文章である。正しいものに○、間違っているものに×をつけなさい。

❶ 履歴書を書く場合、間違えた部分には修正液を使ってもよい。

❷ 趣味・特技の欄には、自分ができることや興味をもっていることを素直に書く。

❸ 職歴は、これまでの職業の経歴だけを書き、それ以上くわしく書く必要はない。

❹ 志望動機には、「どうして介護の仕事をしたいか」だけを書けばよい。

❺ 本人希望欄には、希望の職種や勤務の都合などを記入する。

答え

問5 ❶ 1.2　❷ 7,000　❸ 14,000　❹ 3
問6 ❶ ×　❷ ○　❸ ×　❹ ×　❺ ○

Column 3
介護福祉士インタビュー❸

Q 介護福祉士になってよかったと思うのは、どんなときですか？

Gさん： 利用者や家族のみなさんから、感謝の言葉を言われたときです。仕事として当たり前のことをしているつもりでも、「ありがとう」とか「あなたが担当してくれてよかった」などと言ってもらえると、実施した介護が適切だったと感じられますし、何よりも励みになり、「もっと利用者に寄り添った介護をしよう」と思えます。

Hさん： 利用者が回復の様子を見せたときですね。体を動かしにくかった利用者が、膝を自由に曲げられるようになったり、数歩でも自立歩行ができるようになったりと、日々の利用者の変化がうれしいです。また、「生きているのが楽しくなった」と言われたときには、本当にこの仕事をしていてよかったと思えました。

Iさん： 長年介護福祉士として働いていたところ、実家の父が要介護になり、在宅で介護を受けることになりました。高齢の母だけに介護を任せるわけにはいかず、私も父の介護をすることになって、介護福祉士としての経験がとても役立っています。高齢化が一層進む日本では、介護福祉士は家族のためにも必要な資格なのかもしれませんね。

Chapter 3

介護福祉士の専門常識その3
介護の現場

介護福祉士は、働く現場によっては24時間体制で利用者の介護にあたったり、求めに応じて利用者宅を訪問することもあります。高齢者が利用者となる介護サービスにおける、介護福祉士の現場での1日を追ってみましょう。

介護福祉士の具体的な勤務の様子を把握しましょう。勤務状態をくわしく知ることで、介護サービスごとの特徴がわかり、自分に合った職場が探しやすくなります。

Chapter 3 介護福祉士の専門常識その3　介護の現場

介護福祉士の1日

❖ 介護サービスによる介護福祉士の1日の働き方の違いを知る
❖ 施設では、シフト制での勤務が多い

サービスの種類で勤務形態・時間が異なる

　介護福祉士をはじめとする介護職は、働くサービスの種類によって勤務形態が異なります。 たとえば、特別養護老人ホームのような24時間体制で高齢者の介護をおこなう施設では、早番・日勤・遅番・夜勤などのシフト制で勤務しますが、デイサービスのように日中の数時間にサービスを提供する事業所では、朝から夕方までの勤務が一般的です。また、訪問介護などでは、決められた時間に利用者宅を訪問して、食事や排泄、入浴などの介護を定期的におこなう仕事もあれば、事業所などに待機して、要請に応じて訪問する勤務形態もあります。

　さらに**サービスの種類や事業所・施設によっては、実施する介護の内容や範囲も異なります。** 多くは一般的な介護だけを求められることが多いですが、より医療に近い介護を求められる職場もあります。サービスの種類によって、1日の仕事内容にどのような特徴があるのかを確認しましょう（▶P.65〜69）。

24時間体制でのシフト制の一例

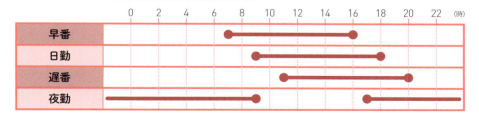

特別養護老人ホームでの1日

　在宅での介護が困難な高齢者が入所する特別養護老人ホームでは、24時間体制での介護が必要なので、シフト制での勤務になります。夜勤は月に4〜5回ほど担当します。

　どのシフトで勤務する場合においても、おもな仕事は高齢者に対する介護です。食事の介護は1対1でおこないますが、入浴などのように力が必要な介護では、複数の介護職員が協力して介護を実施します。

1日のスケジュール（早番）

7:00	出勤／引き継ぎ記録の確認
7:30	起床介助／朝食介助
8:30	朝礼・申し送り
9:20	排泄介助（おむつ交換など）
10:00	入浴介助／風呂掃除
11:30	昼休み
12:30	昼食介助
13:30	排泄介助
14:40	ミーティング／各種介護記録の作成
15:00	体操／レクリエーション
16:00	引き継ぎ記録への記入／退勤

生活のリズムを作る起床介助
生活のリズムを作るために、起床時間には寝たきりの利用者にも必ず声かけをして、起床をうながします。

利用者の状態に合わせた排泄介助
利用者の状態や意向などに合わせた排泄方法（トイレ、ポータブルトイレ、おむつなど）で介助します。

ミーティングで情報共有
日勤・遅番の介護職員や看護師などとミーティングをおこない、共有すべき情報について確認します。

介護記録は欠かさずに記入
利用者の様子や出来事などを経過記録として書き、食事などのチェックシートにはその都度記入します。

デイサービスの1日

　高齢者が、日中の数時間を地域の仲間とともに過ごせる場がデイサービスです。在宅での自立した生活を営むの必要な心身機能を維持するため、転倒しない筋力をつける機能訓練や、レクリエーション、食事や排泄の介助の実施がおもな業務になります。また、入浴が可能な事業所もあります。

　デイサービスでは、利用者の自宅から事業所までの送迎をおこなっています。送迎車は、介護職員や専属のドライバーが運転します。

1日のスケジュール

8:30	出勤
8:45	送迎車に搭乗 利用者宅に迎えに行く
10:00	送迎完了後、利用者と過ごす
11:00	体操、機能訓練など
12:00	昼食の配膳、介助 下膳、歯みがき
13:30	レクリエーション 水分補給、排泄介助
15:00	利用者の送迎
16:30	事業所に戻る 片づけ
17:00	各種介護記録の作成 ミーティング 翌日の準備
17:30	退勤

利用者を車で送迎
介護職員が送迎車に乗り込んで利用者を迎えに行き、利用者の家族から、自宅での利用者の様子をうかがいます。

機能訓練などを実施
おもりやマシンを使った筋力増強訓練や自宅でできるような体操などを、個別または集団でおこないます。

レクリエーションも多彩
心身を活性化するゲームや季節イベント、趣味活動など、メニューは事業所によってさまざまです。

ミーティングで1日を振り返る
1日の利用者の様子を振り返り、必要なことは利用者の家族やケアマネジャーに報告・連絡します。

介護老人保健施設の1日

　介護老人保健施設は、医療機関での治療・リハビリで病気や症状は回復・安定したものの、心身に障害が残ったため、引き続きリハビリをおこなって心身機能の維持や回復を図り、在宅復帰をめざす高齢者が入所しています。介護福祉士などの介護職員は、医師や看護師、理学療法士などの医療の専門職と連携してリハビリの補助や介護をおこないながら、在宅復帰を支援します。また、入所施設であるため、介護職員はシフト制で勤務します。

1日のスケジュール（日勤）

- 9:00　出勤／朝礼／夜勤職員からの申し送り
- 9:30　排泄介助
- 10:00　利用者の状態を医師、看護師などのもとで確認
- 10:30　入浴介助／リハビリの補助
- 11:30　食事前の口腔体操
- 12:00　昼食介助／服薬介助
- 13:00　昼休み
- 14:00　リハビリの補助／排泄介助／利用者の在宅復帰を検討する会議に出席
- 17:00　夜勤の職員に引き継ぎ／各種介護記録の作成／そのほかの業務
- 18:00　退勤

医師などの医療行為を確認
介護職員は医療行為ができないため、医師や看護師の医療行為を確認して、介護をする際に活かします。

服薬管理は看護師と連携
服薬介助は介護職員がおこないますが、誤飲を防ぐため、薬の管理などは看護師と連携しておこないます。

リハビリに関する対応
リハビリ担当の職員から指導を受け、利用者が日常生活の中でできるリハビリのサポートなどをします。

日中の様子を申し送る
高齢者は夜に容体が急変することもあるので、日中に気になったことは夜勤担当の職員に確実に伝えます。

訪問介護（ホームヘルプサービス）の1日

　介護を必要としている高齢者などの自宅を訪れ、身体介護や生活援助をおこなうのが訪問介護です。訪問介護員（ホームヘルパー）の勤務形態は、常勤・非常勤・登録（依頼を受けた日時に従事）などがあります。

　基本的に訪問介護員が1人で訪問し、必要な介護をおこないます。1回の訪問は30～90分ほどで、おむつ交換のために20分程度訪問することもあります。利用頻度は週1回～毎日、1日1回～複数回とさまざまです。

1日のスケジュール

- 8:30　出勤　朝礼、情報の共有
- 9:00　1件目の訪問介護を実施
- 10:00　2件目の訪問介護を実施
- 11:30　3件目の訪問介護終了　事務所に戻り、各種介護記録に記入
- 12:00　昼食
- 13:00　訪問介護の新規契約のために、サービス提供責任者に同行して利用者の自宅を訪問
- 14:30　事業所に戻り、利用者情報に関する書類を確認
- 15:30　4件目の訪問介護を実施
- 16:30　5件目の訪問介護終了　事業所に戻り、各種介護記録に記入
- 17:30　退勤

利用者の家族の相談相手
在宅で介護をしている利用者や、その家族の悩みを聞いたり、介護についてのアドバイスもおこないます。

介護記録は1件ごとに作成
介護記録は、ほかの利用者の情報が混ざらないように、1件の訪問介護が終わるごとに作成します。

契約でも自宅を訪問
新規申込者のもとには、トラブルを防ぐために直接訪問して、契約内容などをわかりやすく説明します。

1日に数件訪問
1日に数件訪問し、利用者の心身の状態や生活の状況をふまえて、自宅で過ごしやすいように介護します。

夜間対応型訪問介護の1日

　夜間対応型訪問介護で勤務する訪問介護員は、定期的な訪問に加えて、呼び出しに応じて利用者の自宅に随時訪問し、身体介護をおこないます。「何かあったら夜でもすぐに来てくれる」という安心感から、昼夜にわたって介護が必要な、介護度が重い利用者や家族によろこばれているサービスです。

　利用者には端末機とコールボタンを貸し出し、事業所待機または車で移動している訪問介護員をいつでも呼び出せるしくみが一般的です。

1日のスケジュール

- 22:00　出勤／定期訪問開始
- 23:15　3件目に向かう途中で呼び出しがあり、随時訪問／床から立てなくなっていた利用者をベッドに移し、就寝介助
- 0:00　4件目、5件目を訪問／排泄介助などをおこなう
- 1:00　事業所に戻る／各種介護記録の作成
- 2:00　夜食／仮眠をとりながら待機
- 4:20　呼び出しがあり、随時訪問／排泄介助と清拭をおこなう／そのまま6件目、7件目を訪問
- 6:00　事業所に戻る／各種介護記録の作成
- 7:00　退勤

定期的な巡回訪問
車などで巡回をして、定期訪問をします。それ以外の時間は、呼び出しがあるまで事業所で待機します。

呼び出しで随時訪問
呼び出しがあれば、随時訪問します。呼び出しの内容でもっとも多いのが、おむつ交換などの排泄介助です。

食事や仮眠は職員交代で
緊急の呼び出しがあった場合は、食事中・仮眠中でも利用者のもとに駆けつけることがあります。

呼び出し数は日によって異なる
随時訪問の呼び出しが1件もない日もあるものの、一晩に10件近く入ることもあります。

Chapter 3 介護福祉士の専門常識その3 介護の現場

介護記録

❖ 介護記録にはどのような種類があるかを知る
❖ それぞれの介護記録の書式と書き方を把握する

介護内容や利用者のことを記録する

　介護サービスの提供後には、その内容を必ず記録に残します。記録にはいくつかの種類があり、「介護記録」と総称されています。介護記録は、利用者の観察から文章で記入するものと、あらかじめ確認項目が決められている用紙にチェックを入れるものがあります。文章で記入するものには、介護現場全体の状況を記入する「業務日誌」や、その時々の利用者の心身状態や職員が提供したサービス内容などを利用者個別の台帳に記録する「ケース（経過）記録」などがあります。一方、チェックを入れる書式の代表的なものは、「チェックシート」と呼ばれ、利用者の健康状態や食事摂取量・排泄の有無などの状況を一目でわかるように記入するものです。
　それぞれの介護記録は、事業所・施設ごとに書式や書き方を工夫しており、手書きのものや、パソコンやタブレット端末で入力するものがあります。

介護記録の種類（記入例はP.71〜75）

事業所・施設全体の状況についての記録	利用者についての記録	リスクマネジメントのための記録	その他
●業務日誌	●アセスメントシート ●ケアプラン ●介護計画 ●ケース（経過）記録 ●チェックシート（食事記録、排泄記録など）	●事故報告書 ●ヒヤリハット報告書 ●苦情報告書	●ケアカンファレンス記録 ●ミーティング・会議録 ●行事計画書 　　　　　　　　など

業務日誌

　介護現場での1日の様子を全体的に把握するための記録です。介護職員のリーダーやその日の日誌担当となった職員が書き、事業所長や施設長をはじめとする職員全員が目を通し、情報共有や業務管理をおこないます。
　おもな記入事項は、施設であれば、利用者の入所・退所の状況や職員の状況、1日の施設内・業務内の流れなどです。すべての職員で内容が共有できるように、客観的な視点で施設や利用者を観察して記入します。

業務日誌の書式例（入所施設用）

業 務 日 誌

平成○年△月×日　月曜日　天候 晴れ　施設長㊞　事務長㊞　記入者㊞

利用者在籍	80名	男： 8名　女： 72名
入所者	1名	氏名： 小林治 様
退所者	0名	氏名：
入院者	1名	氏名： 菅原キク 様
外泊者	2名	氏名： 川崎一男 様、関口松子 様
	名	氏名：
	名	氏名：

主な業務	看護	山本花子様 通院対応（○○医院）、鈴木佳子様 経管栄養対応
	介護	小林治様 新規入所対応、横山宏子様 入浴方法の変更を検討

利用者関連	氏名	
	高橋太郎 様	入所4日目で、施設での生活に慣れていたようだったが、昼食後に家に「帰りたい」と落ち込んだ様子を見せた。
	山本花子 様	2日前から鼻水が出るとの訴えがあり、本日はくしゃみも頻繁にしていたので、佐藤看護師に対応してもらった。

特記事項・連絡事項	上記高橋様の様子を長女様に報告してほしいと、大山生活相談員に伝えた。

アセスメントシート

アセスメントシートは、事業所や施設で介護をするにあたって、利用者の状況把握や情報収集のために作成・使用します。利用者の氏名や年齢、性別、家族構成などの個人情報や、現在の健康状態、介護の状況、介護サービスを利用するに至るまでの経緯などを詳細に記入します。

記入はケアマネジャーや生活相談員、利用者を担当する介護職員などがおこない、全職員で利用者の情報を共有し、適切なサービス提供に活かします。

アセスメントシートの書式例

アセスメント用紙

実施日：○年　△月　×日
実施者：田中陽子　実施場所：松本様宅

利用者本人の意向		自分の家で暮らし続けたい。
家族の意向		（介護者：夫）妻の面倒は見続けたい。しかし、負担を感じる。
利用者本人について		氏名／松本とめ様　性別／女性　年令／87才　要介護度／要介護3
病気・障害		老化およびアルツハイマー型認知症による記憶障害、見当識障害
ADL	起居・移乗・移動	屋内では、ベッド上からゆっくりと起き、座り、手すりをつかまり立ち、歩くことが可能。
	食事	自立。食材について好き嫌いは無いとのこと。
	排泄	（夫によると）トイレを使用しているが、尿・便とも時々リハビリパンツ、ズボンを濡らすことがあるとのこと。
	清潔	（夫によると）この1年、しだいに入浴や歯磨きをいやがるようになったとのこと。入浴動作は声かけし、誘導することで、自力で行うことが可能（シャワーチェア、踏み台を使用）。歯磨きは、自力でおこなった後、磨き残しの部分を介助する必要がある様子。
	更衣・整容	具体的な動作を声かけし、誘導することで、自力でおこなえる。
	睡眠	（夫によると）夜は良く寝ているとのこと。
	コミュニケーション	（ケアマネジャーより）こちらの声かけに対して、筋違いの応えが返ってくることがあるとのこと。
IADL	家事	認知症により、家事全般が困難な様子。主たる同居の介護者・夫、長女がおこなっている。
	薬の管理・他	（ケアマネジャーより）ドネペジル塩酸塩○D錠5mgを1日1回（朝食後）服用とのこと。
家族構成など		介護者は夫、86歳。最近、膝の関節が痛みだし、買い物や調理など、長時間立っておこなうことがつらい様子。
家屋状況など		転倒・骨折による入退院の際、病院の理学療法士のアドバイスにより、玄関や廊下、トイレ、浴室などに手すりを設置し、廊下などの段差を解消した。
その他特記事項		

ケアプラン

　ケアプランは、ケアマネジャーが作る介護サービスの利用計画書のことです。利用者の自立した生活の支援のため、利用者やその家族とともに最適なプランを作成します。訪問介護など在宅サービスでは、ケアプランの内容をさらに細かく記入する介護計画（個別援助計画）を作成します。介護職員はケアプランや介護計画を読み、計画に沿ったサービスを提供します。

ケアプランの書式例

居宅サービス計画書

利用者名　松本とめ殿

生活全般の解決すべき課題（ニーズ）	援助目標			援助内容		
	長期目標	短期目標	（期間）	サービス内容	サービス種別	頻度
布団や床からの立ち座りが難しい	自力で不安なく立ち座りの動作をおこなう	転倒しないようにする	〜◇年○月	介護用電動ベッド	福祉用具貸与	
入浴に手助けが必要である	スムースに入浴する	ヘルパーの手助けに慣れる	〜◇年○月	入浴の介助及び前後の着替え介助など	訪問介護	週2回
排泄が時々うまくいかないことがある	トイレでの排泄を継続する	うまくいかない回数を減らす	〜◇年○月	入浴前など必要時の排泄介助	訪問介護	週1回

介護計画の書式例

訪問介護計画書

作成日：○年△月×日
作成者：田中陽子

- 氏名：松本とめ様　性別：女性　年令：87才　要介護度：要介護3
- 利用者本人の意向：住み慣れた今の街、自分の家で暮らし続けたい。
- 家族の意向：（夫・いわく）妻の面倒は見続けたい。しかし、負担を感じる。
- （総合的な）援助の方針：ご家族と協力しながら、入浴、排泄、掃除などを手助けすることで、松本様が自立した日常生活を営むことができるように、援助いたします。
- 訪問日時：毎週火・金曜日　14時〜15時半（介護保険適用：自己負担◎◎円）
- 担当サービス提供責任者：田中陽子　／　担当ホームヘルパー：火曜・◇△　金曜・▽○

解決すべき課題（ニーズ）	目標	サービス内容及び留意点
入浴に手助けが必要である。	スムースに気持ちよく入浴する。	●ご本人に声かけの上、入浴の意向を伺います。 ●お湯張りは、ご家族にてお願いします。

ケース（経過）記録

ケース（経過）記録の書式例

○年△月×日（月）				記録者	🅗
血圧	152/82	-	155/84	体重	65.2kg
脈拍	72	-	72	レクリエーション	なし
体温	36.1	-	36.2	リネン交換	あり
食事	摂取量 副/主	（朝）5/10	（昼）7/10	（夜）5/10	（夕）/	処置 受診 リハビリ	ひざの曲げのばし、股関節の開閉運動
口腔ケア		㊗	㊌	㊰	㊙		
便	性状	固形便				
	回数	1回				
尿	回数	5回				
入浴	実施 一般 機械 ㊡ 中止					
	巡視	0 ③ ⑥ 9 13 16 19 ㉒				
	オムツ交換・体位変換	0 4 9 13 16 20 ㊙				
時刻	内容				サイン
15:00	おやつにロールケーキを提供。職員が				
ケース記録	声かけすると、山本さまがご自分でお茶を				
	飲み、ロールケーキを手に持って食べ始めた。				
	「私の好物なのよ」とうれしそうに食べ、完食した。				鈴木

利用者一人ひとりに提供した介護サービスの内容や、利用者の状況の観察から得た情報を、時系列で記録します。介護職員が記入する、介護のもっとも詳細な記録といえるものです。

チェックシート

チェックシートの書式例（排泄用）

●＝多量の便　△＝少量の便　×＝排便なし　○＝排尿

氏名	備考	下剤	8:30	11:00	14:00	17:00	21:00	5:00
赤石和子 様			○	○	●	○	○	
上田良二 様	オ	ブスコール 6/6	○	●	○	○		
北川一郎 様	ポ		○	△	○	○		
小山キミ 様		×		○		○		
佐藤作造 様			○	△	○			
長島恵子 様				○	△	○		
野村芳恵 様	オ	×						
原忠雄 様					●			
真嶋徹 様	ト	×						○
宮本信三 様				○	△	○		
湯川定子 様			○	●				

オ＝オムツ　ポ＝ポータブル使用者　ト＝トイレ誘導者（夜間はオムツ）　空欄＝自立者

利用者の食事・排泄・入浴など、介護の実施と利用者の健康状態などを、記号でチェックする記録です。一目で介護をおこなった結果や利用者の状態を把握できます。

事故報告書・ヒヤリハット報告書

ヒヤリハット報告書の書式例

対象者氏名	佐藤シズ 様	報告者	田中
発生日時	○年 △月 ×日 14時 23分		
発生場所 (該当にチェック)	□居室 □居室トイレ □トイレ □ホール ☑廊下 □食堂 □階段 □脱衣所・浴室 □庭・駐車場 □玄関 □洗面所 □車中 □その他( )		
状況の分類	☑転倒 □転落 □転倒の危険 □外傷・打撲 □熱傷 □誤嚥 □異食 □トラブル・暴力 □無断離設 □誤薬など □物の破損 □紛失 □溺水 □自傷 □褥瘡 □その他( ) □介助中 ☑自立動作中 □不明		
発生時の 心身状況	発生時の身体不調等の有無 ☑なし □あり( )		
発生後の対応 (処置や報告) その後の経過	佐藤さまが談話室に向かって歩いていたとき、足をすべらせて転倒した。外傷は特に見られなかった。		
負傷や受診の 状況	負傷 ☑なし □あり( ) 受診 ☑なし □あり 診断内容( )		
誘引・原因	「廊下に落ちていたゴミを拾うためにしゃがもうとしたら、足がすべった」とご本人が話していた。		
再発防止の カンファレンスの内容	ご本人の移動中は見守りをおこなう。気を遣わせないように、ゴミなどは職員が率先して拾う。		

事故が起こった場合の記録が「事故報告書」、事故になった可能性がある要因(ヒヤリハット)を記録するのが「ヒヤリハット報告書」です。いずれも言い訳ではなく、事実をそのまま記述します。

ケアカンファレンス記録

ケアカンファレンス記録の書式例

利用者: 佐藤シズ 様　　　　会議日: ○年 △月 ×日

	職種	氏名	職種	氏名	職種	氏名
会議 出席者	ご利用者	佐藤シズ様	介護支援 専門員	北野悦子		
	長女	山田信子様	通所リハ 理学療法士	渡辺泰三		
			通所リハ 介護職員	谷山美里		

検討した 項目	最近足の力が落ち、歩いて外出できなくなった。
検討内容	もう一度歩いて外出できるようになるための、下肢筋力の増強に向けたリハビリについて。
結論	通所リハビリに週2回通い、リハビリをおこなう。
残された 課題	ご本人に合った杖などの服用具の選定について、通所時の状態をふまえて見極めていく。

ケアプランをもとに実施した介護や、今後の計画について話し合う会議である「ケアカンファレンス」の記録です。検討内容や結論などは、箇条書きにして簡潔に書きます。

Chapter 3　介護福祉士の専門常識その3　介護の現場

介護現場で一緒に働く仲間

❖ 介護福祉士が介護現場でともに勤務する職種を知る
❖ 医療・看護・リハビリの専門職と連携して働くことが多い

連携して利用者の生活と健康をサポート

　高齢者や障害者の日常生活全般の支援から、その人の生命にもかかわる介護は、介護福祉士をはじめとする介護職だけでは成り立つものではありません。それぞれの分野の専門職の人たちと連携して、介護を必要としている人を支えていく必要があります。

　日常の介護では、介護支援専門員（ケアマネジャー）は、介護福祉士がどのような介護をすべきかの指針となるケアプランを作成してくれるパートナー的存在です。また、高齢者や障害者の健康を守るためには、医師や歯科医師、看護師などの医療関係者との連携が不可欠です。介護施設では、理学療法士などのリハビリの専門職や、毎日の食事の献立を作成する栄養士・管理栄養士とかかわりをもつことが多いです。また、利用者の家族や行政、医療機関、地域やボランティアなど、対外的な窓口となる生活相談員を配置する事業所や施設もあります。

介護福祉士とほかの職種とのかかわり

介護福祉士		
↔ 介護サービスを計画・実施	●介護支援専門員（ケアマネジャー）	など
↔ 利用者の健康を守る	●医師　●歯科医師　●看護師	など
↔ リハビリや食事面で連携	●理学療法士　●栄養士・管理栄養士	など
↔ 対外的な窓口の役割	●生活相談員	など

介護福祉士とともに働く職種

介護支援専門員（ケアマネジャー）

介護サービスの利用計画（ケアプラン）を作成し、サービスを提供する事業所・施設と連携して、最適な介護を提供できるように調整します。

医師

病気の診断や治療、予防、薬の処方などをおこないます。高齢者の心身の状況を把握し、リハビリや適切な健康管理などの指示を出します。

歯科医師

口腔内の病気の診察や治療、健康指導をおこないます。入所施設や自宅を訪問して、診察することもあります。

看護師

医師の指示を受け、高齢者や障害者の診療の補助をします。訪問看護では利用者の自宅訪問し、健康管理などをおこないます。

薬剤師

医師が発行する処方箋にもとづいて、薬を処方します。在宅介護を受けている高齢者のもとを訪問し、服薬指導を実施することもあります。

栄養士・管理栄養士

利用者の病気や健康を考えた栄養・食事管理をします。入所施設の食事の献立を作成したり、在宅の高齢者のための栄養指導をおこないます。

理学療法士・作業療法士・言語聴覚士

リハビリの専門職です。通所・入所施設などで、日常生活動作などの機能訓練・動作訓練といったリハビリを実施し、指導します。

生活相談員

通所介護や短期入所、入所施設に配置されます。ケアマネジャーと連携し、利用者の相談を受け、家族や行政などの対外的な窓口になります。

《 介護の現場 》
理解度チェック問題

問1 正しいものに○、間違っているものに×をつけなさい。

❶ 24時間体制で高齢者の介護をおこなう施設では、シフト制での勤務になる。

❷ デイサービスに勤務する場合、シフト制で働くことが多い。

❸ どの介護施設においても、介護福祉士が実施する介護の内容や範囲は同じである。

❹ 特別養護老人ホームなどの施設では、月に数回の夜勤がある。

❺ どんな介護においても、1人の利用者に対して1人の介護職員が対応する。

❻ おむつ交換は、排泄介助のひとつである。

❼ デイサービスでは、介護職員が徒歩で利用者を迎えに行く。

❽ デイサービスでは、自宅で自立した生活を送るために必要な、機能訓練やレクリエーションをおこなう。

❾ 介護老人保健施設では、利用者の在宅復帰をめざす。

❿ 訪問介護で、利用者の家族の相談を受けることは介護にあたらない。

⓫ 夜間対応型訪問介護は、利用者の呼び出しによって随時訪問を実施する。

⓬ シフト制での勤務の場合、ほかのシフトの職員への引き継ぎは必要ない。

答え

問1 ❶○ ❷× ❸× ❹○ ❺× ❻○ ❼× ❽○ ❾○ ❿× ⓫○ ⓬×

問2

下の❶～❺の介護施設・サービスの、説明にあたるものをア～オより、介護職員が実施する介護の内容をA～Eより選びなさい。

❶ 特別養護老人ホーム　❷ デイサービス　❸ 訪問介護
❹ 夜間対応型訪問介護　❺ 介護老人保健施設

▼施設・サービスの説明

ア：在宅で介護を必要としている高齢者が対象。

イ：病院での治療やリハビリによって病気は回復・安定したものの、引き継きリハビリが必要な高齢者が入所対象。

ウ：在宅での介護が困難な高齢者が入所する。

エ：自宅から通い、日中に地域の仲間とともに過ごす。

オ：在宅で介護を必要としている高齢者が、専用のコールボタンで介護職員を呼び出せる介護サービス。

▼実施する介護の内容

A：医師や看護師、理学療法士などの医療の専門職と連携して、高齢者のリハビリの補助や介護をおこない、在宅復帰をめざす。

B：シフト制で勤務して、24時間体制で介護する。

C：自宅で自立した生活を送るための心身機能維持を図る機能訓練や、レクリエーションの実施。

D：利用者の呼び出しに応じて、自宅を訪問して介護をする。

E：訪問介護員が利用者の自宅を訪問し、身体介護や生活援助をおこなう。

答え

問2　❶ウ、B　❷エ、C　❸ア、E　❹オ、D　❺イ、A

> **問3** 下の❶～❹は介護施設での介護についての説明をした文章である。カッコ内で正しいほうを選びなさい。

❶ 入所施設で、入所者の生活リズムを作るために、朝の起床時間に声かけをして起床をうながすことを{**起床介助・食事介助**}という。

❷ デイサービスでおこなうレクリエーションは{**ゲームだけ・ゲームや季節イベントなどさまざま**}である。

❸ 訪問介護は、利用者の{**自宅・入院する病院**}で介護をおこなう。

❹ 夜間対応型訪問介護での呼び出し依頼でもっとも多いのは、{**入浴介助・排泄介助**}である。

> **問4** 下の❶～❼の介護記録は、ア～ウのどの役割を果たすのかを答えなさい。

❶ ケアプラン　❷ 食事や排泄のチェックシート
❸ 業務日誌　❹ 事故報告書
❺ アセスメントシート　❻ ヒヤリハット報告書　❼ ケース（経過）記録

▼役割

ア：事業所・施設全体の状況についての記録
イ：利用者についての記録
ウ：リスクマネジメントのための記録

答え
問3 ❶ 起床介助　❷ ゲームや季節イベントなどさまざま　❸ 自宅　❹ 排泄介助
問4 ❶ イ　❷ イ　❸ ア　❹ ウ　❺ イ　❻ ウ　❼ イ

問5 正しいものに◯、間違っているものに×をつけなさい。

❶ 業務日誌は、介護現場での１日の様子を全体的に把握するための記録である。

❷ アセスメントシートは、介護職員の個人情報を記入するものである。

❸ ケアプランは、どのような介護をしたかを、介護の終了後に記入するものである。

❹ ケース（経過）記録には、提供した介護サービスの内容を時系列で記述する。

問6 下の❶～❻の説明にあてはまる職種を、枠の中から選びなさい。

❶ 入所施設の食事の献立作成や、栄養指導をおこなう。

❷ 利用者の相談を受け、家族や行政などに対応する対外的な窓口になる。

❸ 病気の診断・治療をおこない、薬の処方や病気の予防指導もおこなう。

❹ 日常生活動作などのリハビリを実施する。

❺ 医師の指示のもと、高齢者や障害者への診療の補助を実施する。

❻ 処方箋に従って、薬の処方をおこなう。

> 医師　看護師　薬剤師　栄養士・管理栄養士　理学療法士　生活相談員

答え

問5　❶ ◯　❷ ×　❸ ×　❹ ◯
問6　❶ 栄養士・管理栄養士　❷ 生活相談員　❸ 医師　❹ 理学療法士　❺ 看護師　❻ 薬剤師

Column 4
介護福祉士インタビュー❹

休日はどのように過ごしていますか？

Jさん

休日はあえて介護のことからは離れて、友達とごはんを食べたり、おしゃべりして過ごすことが多いです。仕事とは関係のないことを話したり、おいしいものを食べることで、仕事へのパワーを充電しているんです。あと、情報通の友達が教えてくれる話題から、利用者との会話に使えるネタを仕入れることもあります。

Kさん

私は休日になると、「体のメンテナンス」と称してヨガに通っています。介護をしていると、どうしても腰痛に悩まされるのですが、ヨガで筋肉をほぐしつつ鍛えることで、無理なく体を使えるようになって腰痛も減りました。また、ヨガに無心で取り組むと心もスッキリするので、ストレス解消にもなっています。

Lさん

介護福祉士として長年働いたので、いよいよキャリアアップをしようと、介護支援専門員の資格取得をめざし、休日は試験勉強をしていることが多いです。仕事のある日は勉強時間を確保することが難しいので、休日にはみっちりと勉強しています。改めて勉強することで、自分の知らなかった介護の一面が見えてくるのが楽しいです。

Chapter 4

介護福祉士の専門常識その4
介護技術

利用者の日常生活全般の手助けをする介護では、さまざまな場面で介護の専門的な技術が必要になります。介護をする際の介護者の体の動かし方をはじめとして、移動や食事、排泄など、各場面における基本的な介護技術を学びましょう。

利用者と介護者、それぞれの体に負担がかからない介護技術を知り、介護福祉士として働く場合の「利用者主体」の介護のイメージを描いてみましょう。

Chapter 4 介護福祉士の専門常識その4　介護技術

介護の基礎と使用する道具

❖ 介護の基礎となる体の動きや声かけ方法を理解する
❖ 介護福祉士がよく使用する道具にはどのようなものがあるか

正しい体の動きで介護を実施

　利用者に苦痛を与えず、安全を守って介護をするには、介護者が介護の基礎を心得ておく必要があります。**介護の基礎の中でもっとも大切なのは、介護者が正しい姿勢や体の動きで介護を実施することです**。利用者の体を支えるとき、介護者は自身の体の支えとなる「支持基底面」(▶P.85) を広くすることを意識します。介護者が立っている場合、左右の足の裏面とその間の範囲が支持基底面になり、これが広いほど体は安定するのです。それに加えて、重心の位置にも気をつけることで、介護者だけでなく、利用者の体にも負担をかけない介護が可能になります。

　また、**利用者の力を引き出すことも重要です**。利用者の生活のすべてを介護者が担うのではなく、できることは利用者自身におこなってもらい、自立をうながします。そのためには、利用者が自発的に動けるように、介護者が適切な声かけをすることが大切です。

介護の基礎のポイント

❶介護者・利用者の安全・安楽を守る
両者の心身に負担をかけない。

❷利用者の自立支援
利用者がもっている力を発揮できるように支援。

❸利用者の尊厳の保持
利用者の意志を最優先にする。

❹感染予防
手洗い・消毒の徹底。

介護の基礎❶　介護者の体の動かし方

支持基底面を広くして、重心を低くする

足を肩幅ほどに開き、支持基底面を広げることで姿勢を安定させます。さらに、腰を落として重心を低く保つことで、重心の可動範囲が広がります。

支持基底面
▶ 体を支える基盤のこと

重心
▶ 体の中心部分のこと

重心を近づける

利用者と介護者の重心を近づけることで体が安定し、より少ない力で移動しやすくなります。

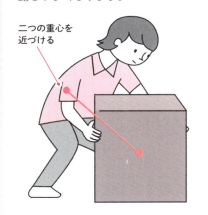

二つの重心を近づける

利用者の体を小さくまとめる

利用者に手を組んで膝を立ててもらうと、ベッドとの摩擦が少なくなり、より少ない力で移動できるようになります。

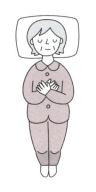

介護の基礎❷　利用者の自立支援

適切な声かけをする

利用者に声かけをすることで、介護が利用者と介護者の協力によって成り立つことを伝えます。

視線を合わせて、ゆっくりと話す。

○○さん、これから車イスに乗りますが、よろしいですか？

利用者の力を引き出す

安易に介護者に頼ることなく、利用者がもつ力を活かして生活ができるように支援します。

利き手が使えないから無理！

反対の手で練習してみよう！

利用者本位

利用者の人生観や生活習慣などを尊重し、その人らしい生活ができるように支援します。

食後にはお茶を飲みましょう。

私はお茶を飲む習慣はないんだ。

では、コーヒーや紅茶はいかがですか？

体の動かし方を説明する

体が動かしにくい利用者には、体の動きを分解してひとつずつ説明し、ひとりでできる行為を増やします。

イスから立つには、最初にお尻を前にずらしましょう。

よく使用する道具

エプロン

胸当てエプロンタイプと割烹着タイプがあり、制服として貸与されることもあります。

使い捨て手袋

排泄介助などの衛生面で注意が必要な場面で使用。エプロンのポケットに数組常備します。

メモ帳と筆記用具

職員間での申し送り事項や、利用者やその家族の希望などをメモするために使用します。

使い捨てマスク

感染症の発生時に使用します。感染症が発生しやすい冬場には、常時使用することもあります。

タオル・ハンカチ

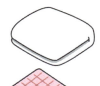

介護者の汗拭きなどに使用します。感染予防の観点から、ほかの人との共用は避けます。

手洗い石鹸・手指の消毒液

石鹸は流水による手洗いの際に使用します。消毒液は感染予防のため、手洗い後に適宜使用します。

Chapter 4　介護福祉士の専門常識その4　介護技術

介護技術❶ 体位変換

❖ 人間の体位の種類を知る
❖ 基本的な体位変換の方法を理解する

褥瘡防止のための介助

　人間がとる姿勢のことを「体位」といい、基本的な体位は、立っている状態の「立位」、座っている状態の「座位」、横たわっている状態の「臥位」の3つです。座位と臥位には、さらにいくつかの分類があります。

　この体位を変えることを「体位変換」といいます。利用者が長時間同じ姿勢でいると血行障害を起こして褥瘡（床ずれ）（▶P.131）の原因になるため、自分で体位変換ができない利用者には、介護者が定期的に体位変換をする必要があります。

　体位変換を実践する際には、利用者の関節を保護したり、適切な声かけをして協力をうながすなどして、利用者の体に負担がかからないようにします。

体位の種類

立位

まっすぐに立った姿勢。

座位

▶ **椅座位**
イスに座っている姿勢。

▶ ファーラー位（半座位）
ベッドを45度ほど上げた姿勢。

▶ セミファーラー位
ベッドを30度ほど上げた姿勢。

▶ 長座位
ベッドやふとんの上などで、両足を前にのばして座る姿勢。

▶ 端座位
ベッドの端に座る姿勢。

臥位

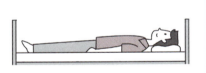
▶ 仰臥位
仰向けに寝る姿勢。

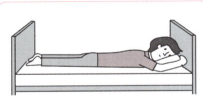
▶ 腹臥位
腹ばいになって寝る姿勢。

▶ 側臥位
横向きで寝る姿勢。右半身が下なら「右側臥位」、左半身が下なら「左側臥位」と呼ぶ。

体位変換で物理の法則を利用

トルクの原理

重心から作用点までの距離が離れているほど、回転させる力が少なくて済む。

利用者の膝を高く立てる、あるいは自力で立ててもらうことで、体位変換を楽におこなえます。

振り子の原理

振り子は、固定された一点から左右同じ幅で振れる。一方の振れ幅を大きくしたい場合は、もう一方の振れ幅を大きくしなければならない。

介護者の片手をベッドに置いて支えにすることで、利用者の肩の下に入れたもう一方の手にも力が加わり、利用者の上体を楽に移動できます。

てこの原理

物体が動く運動エネルギーが働くときに、支点と作用点、支点と力点のそれぞれの距離を変えることで、効率よく力を与える原理。

介護者がベッドの端に膝を押し付けて支点にすることで、利用者の体を手前に水平移動することなどが楽になります。

体位変換の基本・横向き（側臥位）の姿勢にする

❶ 利用者の横に立つ

- 利用者の体を向ける方向に立ちます。

❷ 腕を組んでもらう

ポイント
横向きになったとき、下になる腕を下、上になる腕を上にしてもらいます。

- 利用者に胸の上で腕を組んでもらいます。
- 利用者の体への負担を減らすため、腕を持つときは、手首と肘の関節を支えます。

❸ 膝を立てる

- 利用者の膝裏に手を入れて、引き上げるように動かします。
- 膝をなるべく高く立ててもらうために、かかとをお尻に近づけます。

❹ 利用者の体を回す

ポイント
時間差で、膝→肩の順に倒します。

- 利用者の膝と肩甲骨に手を当てます。
- 利用者に、介護者のほうへと顔を向けてもらいます。
- 膝を手前に倒し、そのあとで肩甲骨を引き上げます。

❺ 横向き姿勢を保つ

- 利用者の姿勢が安定するまで、手を離しません。

Chapter 4 介護福祉士の専門常識その4 介護技術

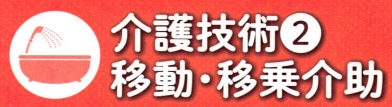

介護技術❷ 移動・移乗介助

❖ 歩行や車イスでの移動の介助方法について知る
❖ 車イスの各部位名や移乗方法を把握する

移動には杖や車イスを活用

　排泄でトイレに行く場合や食事前に食堂へ行くなど、介護では利用者が移動する場面が多々あります。介護を必要としている人は足腰が弱かったり、麻痺で体を動かしにくいためにひとりでの歩行が難しく、少しの移動でも介護者の介助が必要になることが多いものです。**介護者は、利用者の安全に十分配慮したうえで、できる限り利用者自身で歩いてもらうようにうながします。** その際、必要に応じて使用する福祉用具（介護用品）として、杖の使い方や種類も知っておきましょう。また、利用者が歩行での移動が困難である場合には、車イスを使います。その際には、利用者を車イスに乗ってもらう（移乗する）ことも介護としておこないます。車イスの部位の名称や扱い方を把握し、安全な移乗・移動をおこなえるようにしましょう。

　このように安全な移動手段を確保することで、**介護が必要となった人でも、買い物や散歩などの外出が可能になります。**

> **! KEYWORD**
>
> ▼ 福祉用具
>
> あらゆる生活場面において、利用者の自立をうながし、介護者の負担を軽減する介護用品のことです。介護は人力だけに頼ると大変な負担をともない、利用者を危険にさらす可能性もあるため、さまざまな福祉用具を活用することで利用者と介護者の安全を守り、利用者自身でできることを増やします。

移動の基本・横から支えて一緒に歩く

❶ 隣に立って声かけする

- 利用者の患側の横、あるいは斜め後ろに立ちます（この場合、利用者の左側に麻痺があるものとする）。
- 利用者の後ろになる手は利用者の腰を軽く支えます。

> ▶ 患側
> 片麻痺（▶ P.123）などがある人の、麻痺などの障害がある側のこと。障害がない側は「健側」と呼ぶ。

❷ 利用者のペースに合わせて歩く

- 利用者の足の動きを確認しながら、一緒に歩きます。
- 利用者がバランスを崩しても対応できるように気をつけます。特に患側は、足に力が入らずに転倒しやすいことを頭に入れておきましょう。

視覚障害者の歩行を介助する場合

❶ 介護者の肘を持ってもらう

介護者は、視覚障害者が白杖を持たないほうの手で、肘の少し上を握ってもらいます。

> ▶ 白杖
> 視覚障害者が使用する白い杖。

❷ 半歩先を歩く

視覚障害者のペースに合わせながら、半歩前を歩き、前方の状況を具体的かつ早めに声で伝えます。

杖歩行の介助

杖の点検

1. 杖の高さは適切か
- 地面から大腿骨までの高さが標準。
- 杖の先端をつま先から15cm離して持つと、肘の角度が150度くらいになるのが理想。
- 腰が曲がっている場合は、曲がった状態で長さを決める。

2. 先端のゴムがすり減っていないか

3. グリップの形・素材が持ちやすいものであるか

150度

片麻痺（左）のある人の三点歩行

① 杖を前に出す

▶ **介護者**
利用者の患側の横、あるいは斜め後ろに立ち、腰を支えます。

▶ **利用者**
前方に杖を出します。

足　　杖

② 患側（▶P.93）の足を出す

③ 健側（▶P.93）の足を出す

▶ **利用者**
健側の足を出し、両足を揃えます。

杖の種類

▶ T字型杖

一般的な杖のタイプ。比較的歩行が安定している人が、補助的に用います。

▶ 三脚杖　　▶ 四脚杖

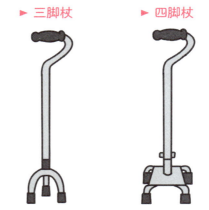

どちらも先端が複数に分かれているために着地面積が広く、安定度が高いので、歩行が不安定な人に向いています。

車イスによる介助

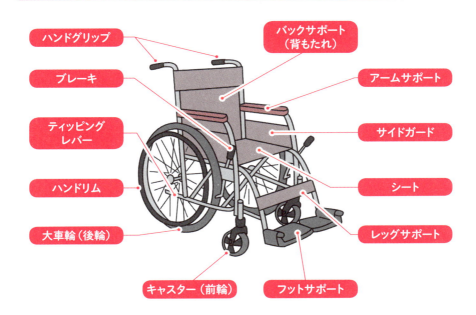

- ハンドグリップ
- ブレーキ
- ティッピングレバー
- ハンドリム
- 大車輪（後輪）
- キャスター（前輪）
- バックサポート（背もたれ）
- アームサポート
- サイドガード
- シート
- レッグサポート
- フットサポート

4 介護福祉士の専門常識その4　介護技術

車イスのチェックポイント

- [ ] タイヤの空気圧は正常か。
  ▶ 指で押してタイヤがへこむならば、空気を入れる。
- [ ] ブレーキの利きは正常か。
  ▶ ブレーキレバー（▶P.95）でブレーキが十分にかかるかを確認する。
- [ ] ブレーキがかかっているか。
  ▶ 利用者が乗降する際には、必ずブレーキをかける。

ベッドから車イスへの移乗

斜方接近法（しゃほうせっきんほう）

- 車イスをベッドに対して、20〜30度につける。片麻痺（かたまひ）の場合、健側（けんそく）のほうにつけること。
- 端座位（たんざい）から遠方のアームサポート（▶P.95）を握り、健側の足を軸にして、回転するように移乗。

側方接近法（そくほうせっきんほう）

- 車イスをベッドに横づけする。
- 車イスのアームサポートを外し、片手をベッドにつき、もう一方の手を車イスのシートについて、腰を上げて横に移動するように移乗。

スライディングボードを使用

- スライディングボードは、座位のままで体を滑らせて移乗することができる福祉用具。
- 車イスのアームサポートを外し、ベッドと車イスにスライディングボードを橋渡しにする。その上に乗り、スライドして移乗。

車イスによる移動介助

移動の基本

- 利用者には車イスに深く座ってもらいます。
- 車イスを押すときには、両手でハンドグリップ（▶P.95）を握り、ゆっくり進めます。
- 移動中は前後左右に気を配り、「止まります」「右に曲がります」など、移動の予告をしたり、「怖くないですか？」と気分や体調を気づかう声かけをします。

キャスター（前輪）の上げ方

- 介護者は、前輪を上げることを利用者に伝えます。
- ティッピングレバー（▶P.95）を踏むのと同時に、ハンドグリップを後ろに下げて前輪を浮かせます。
- 前輪をおろすときも、ティッピングレバーに足をかけ、静かにゆっくりおこないます。

ポイント
前輪を上げて段差の昇降が可能になることで、移動範囲が広がる。

車イスでの移動時のチェックポイント

- ☐ 利用者の両腕がアームサポートから外に出ていないか。
- ☐ 利用者の両足はフットサポート（▶P.95）に乗っているか。
- ☐ 利用者の体が傾いたりしていないか。
- ☐ スカートなどの衣類やひざ掛けなどがまきこまれないように、車輪にかかっていないか。

KEYWORD

▼ 声かけ

利用者に安心して介護を受けてもらうために欠かせない介護技術のひとつで、「寒くないですか？」などのうかがい口調でおこなうのが基本です。介護では「一動作一声かけ」ともいわれ、声かけをおこなうことで、利用者の意思決定・自己決定を尊重し、納得して介護サービスを利用してもらうことができます。

Chapter 4 介護福祉士の専門常識その4 介護技術

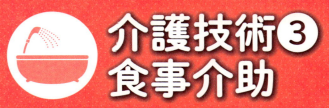

介護技術❸ 食事介助

❖ 利用者にとっての食事の意味を理解する
❖ 安全な食事介助の方法を把握する

栄養の摂取だけにとどまらない食事

食事とは、食べ物を口に入れ、噛んでから飲み込む行為です。その介助をおこなうにあたっては、人間にとって食事がどのような役目を担っているかを知る必要があります。

　食事の第一の目的は、栄養を体に取り入れることです。そのため、介護では、栄養のバランスがよく、病気や障害に配慮したメニューを準備することが大切ですし、食べ物を口に入れてから飲み込むまでの嚥下のしくみを理解しておく必要があります。また、食事を味わうことは、生きるうえでの楽しみのひとつでもあります。舌の感触での味わいだけでなく、彩りや匂いなど、五感で楽しめるメニューを心がけて、食事への意欲を増進させます。

　さらに、施設などで食事をとる場合には、ほかの人と食卓を囲むことになるため、コミュニケーションの場のひとつにもなります。席の配置にも気を配るなどして、おいしさや食事の楽しさをみんなで共有できるようにします。

介護における食事の目的

栄養を体に取り入れる	五感で楽しむ	コミュニケーション
・バランスのよい食事を提供。 ・嚥下のしくみを理解する。	・彩りや匂いのよいメニューを提供。 ・食事への意欲を増進させる。	・食卓の席の配置に配慮する。 ・食事の楽しさを共有できるようにする。

嚥下のしくみ

　食物を摂取するとき、人間は食物を認識したうえで口に入れ、噛み砕き（咀嚼）、口の中（口腔）からのど（咽頭）へと食物を送り込みます。そして食道を通して、胃へと食物を送ります。この一連の流れのうち、口腔から食道に送るまでのことを「嚥下」と呼びます。咀嚼や嚥下能力が弱っている利用者は、食物が間違って気道に入る「誤嚥」に注意しなければなりません。窒息や肺炎などの原因にもなる誤嚥を防ぎ、安全な食事介助をおこなうためにも、嚥下のしくみを理解しましょう。

❶先行期
食物の形や量などを目で認識。

❷準備期
食物を咀嚼し、飲み込みやすい形にする。

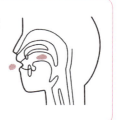

❸口腔期
食物を口腔から咽頭に送る（嚥下）。

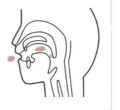

❹咽頭期
食物を咽頭から食道に送る。気管に入らないように、喉頭蓋（気道のふた）が閉まる。

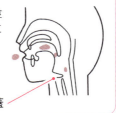

喉頭蓋

❺食道期
食物を食道から胃に送る。

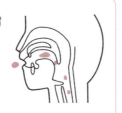

食事のときの姿勢

食事介助のときには、誤嚥（ごえん）を防ぐためにも、利用者が正しい姿勢であるかを確認する必要があります。

テーブルで食べるとき
- あごを引く
- 深く腰掛ける
- テーブルとの隙間にこぶし1つ分
- 床に足がつくようにする

臥床（がしょう）状態のとき
- テーブルを近くに置く
- 上半身を起こして、少し前傾姿勢に

食事介助の基本・横に座って食事介助

① 利用者の横に座る

- テーブルに斜めに座り、利用者の口や喉の動きが見えるかどうかを確認します。
- 利用者が正しい姿勢で座っているかを確認します。

② スプーンで食物を口に入れる

- ティースプーン1杯ほどの量を、利用者の口元の下の位置から、口へと運びます。

③ スプーンを口から抜く

- ティースプーンを、斜め上に向かって抜きます。
- 利用者の口や喉をよく観察し、咀嚼（そしゃく）と嚥下（げか）ができているかを確認します。

食事介助で用いる福祉用具

介護用スプーン・フォーク

先端を深く・大きくすることで、食べ物をすくいやすい形状になっています。

グリップを自由に曲げられたり、太さも調節ができて握りやすいものです。

補助クリップ付き箸

クリップで箸がピンセットのように動かせて、食べ物をつかみやすいです。

介護用食器

内側に角があり、食べ物をスプーンで最後まできれいにすくい取れます。

持ち手付きお椀

持ち手があるので、熱さを感じずに安定してお椀を持つことができます。

ホルダー付き吸い飲み

体を起こさずに水分を補給できます。流動食での食事にも利用できます。

Chapter 4 介護福祉士の専門常識その4　介護技術

介護技術❹ 排泄介助

- 利用者の気持ちに添った排泄介助の方法を知る
- 排泄介助の選択方法を理解する

プライバシーへの配慮を忘れない

高齢者がよく口にする「下の世話だけはされたくない」という言葉は、ほかのどんな介護は受けることになったとしても、排泄行為だけは自分でしたいという気持ちを表すものです。**成人であれば、1人きりでおこなうのが当たり前である排泄行為は、ほかの人の目に触れさせたくないものであり、人間の尊厳に深くかかわっています。そのため介護者は、利用者がトイレでの排泄を持続できるように介護をおこないます。**排泄の際には、腰掛けた状態である座位（▶P.88）が基本姿勢になるため、両足で全身を支える必要がある座位を維持できるように、機能訓練をおこなうこともあります。

トイレでの排泄が難しくなったときは、利用者の意向を尊重しながら、ポータブルトイレやパッド、おむつなどの別の排泄方法を検討します。

排泄介助のポイント

プライバシーに配慮する
- できるだけトイレで排泄できるようにする。
- 安心感のあるスムーズな排泄をうながす。

利用者の意向を尊重する
- 排泄のリズムを知る。
- トイレでの排泄が難しくなった場合は、ほかの排泄方法を検討する。

どの部分で介助が必要かを把握する
- 排泄行為の一連の流れを確認する。
- 必要最低限の介助にとどめる。

排尿・排便のしくみ

排泄介助は、利用者が定期的な排尿・排便をおこなうことと、利用者自身で排泄することを手助けします。そのために、基本的な排尿と排便のしくみを理解しておきましょう。

排尿のしくみ

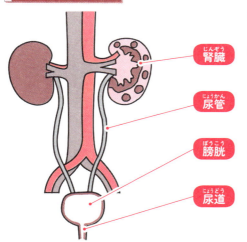

❶腎臓で作られた尿が、尿管を通って膀胱に蓄えられる。

❷尿道を通って、尿道口から排泄される。

※腎臓→尿管→膀胱→尿道（尿道口）を「尿路」と呼ぶ。

▶介護のポイント
- **尿失禁**を防ぐ。
- **尿路感染症**の予防を心がける。

※**失禁**…尿や便が、本人の意思とは無関係に漏れること。

※**尿路感染症**…尿道口から侵入した病原菌による、尿路の感染症。

排便のしくみ

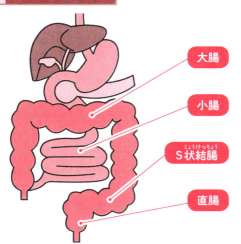

❶小腸で栄養を吸収された食物の残りが、大腸で便になる。

❷便がS状結腸に溜まり、直腸に下りる。

❸便意をもよおすことで、肛門から排便される。

▶介護のポイント
- 定期的な排便をうながす。
- 便失禁を防ぐ。

排泄介助の選択方法

　歩行が困難であったり失禁(しっきん)が多いからといって、安易におむつにすることなく、失禁用パンツやパッドを用いるなどして排泄のタイミングをうまくつかみ、自力での排泄につながる支援を心がけます。そのためには、どんな排泄介護がふさわしいかを下記の手順で判断します。

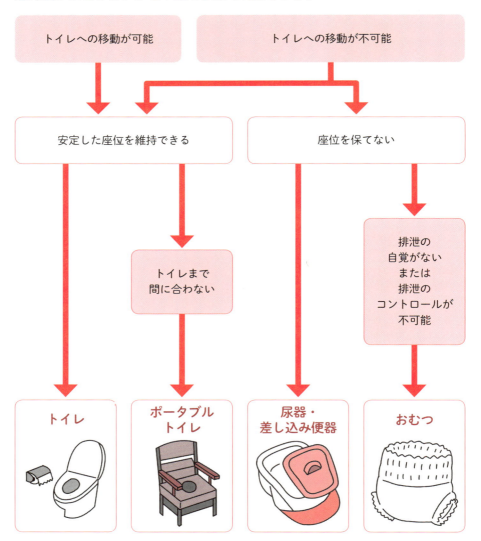

排泄介助で用いる福祉用具

ポータブルトイレ

座位姿勢がとれる人向きで、ふたを閉めるとイスとして使用もできるタイプもあります。

尿器

ベッドに寝たままでの排尿に使用できます。男性用と女性用があります。

差し込み便器

ベッドに寝たままで、排便ができる排泄用具です。自分で持って使えます。

紙おむつ

寝たきりで尿意を感じにくい人などが使用します。テープでとめるタイプや、パンツ型などがあります。

防水シート

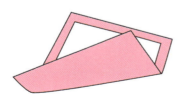

ベッド上での排泄介助や失禁時にシーツやふとんの汚れ防止として敷きます。使い捨てタイプもあります。

陰部洗浄用ボトル

排泄後の陰部の洗浄に用います。ボトルに入れた湯がシャワーになって出てきます。

Chapter 4 介護福祉士の専門常識その4 介護技術

介護技術❺ 入浴介助

❖ さまざまな入浴介助の方法を理解する
❖ 入浴における危険について把握する

心身を健康に保つための行為

　体を清潔にしてあたためる入浴は、利用者の心身にとてもよい効果があります。全身の血行がよくなり、筋肉の緊張をほぐすことができるので、新陳代謝が促進されて健康を保てるようになります。さらにリラックス効果も期待できるので、利用者にとって大切な日常行為のひとつといえます。しかし入浴は、体調の急変や浴室での転倒などの危険もともなうため、安全な入浴介助のための知識と技術を身につけておくことが大切です。

　一方、**寝たきりの利用者は入浴が困難なため、タオルなどで体を拭く清拭（せいしき）が中心になりますが、在宅では訪問入浴介護の利用、施設ではリフト付き浴槽などで、できる限り入浴できるようにします。** また、病気や体調不良などで入浴が困難な時期には、清拭に加えて、足浴（そくよく）や手浴（しゅよく）、ベッドでの洗髪などの部分浴をおこないます。

入浴介助のポイント

浴室をあたためる	お湯の温度は38〜41度の中温	浴室は清潔に
浴室と脱衣所との温度差をなくし、ヒートショック（温度の急変による血圧の乱高下）を防ぎます。	湯温を「中温」にすることで、血圧の安定やリラックス効果を促進させます。	入浴後は必ず浴室の掃除を実施し、必要に応じて用具の消毒をおこないます。

入浴介助の基本

転倒を防ぐ浴室環境

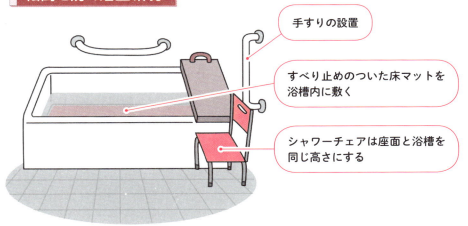

- 手すりの設置
- すべり止めのついた床マットを浴槽内に敷く
- シャワーチェアは座面と浴槽を同じ高さにする

入浴介助の手順

▶ 入浴前
- 浴室の床やシャワーチェアなどにお湯をかけて、あたためる。
- 利用者に排泄を済ませてもらう。
- 脱衣の介助を最小限にしたり、脱衣所にカーテンを設けるなど、プライバシーに配慮する。

▶ 入浴
1. シャワーの温度を確認し、心臓から遠い足もとからお湯をかけ始め、胴体へと進める。
2. 体を洗う場合、利用者ができる部分は自分でやってもらう。洗えない部分は介助する。上半身から下半身へと洗っていく。
3. 洗髪をおこない、全身をよく流す。床の泡もしっかりと流す。
4. 利用者に浴槽に入ってもらう。片麻痺のある人には健側の足から入ってもらい、患側の足は介護者が膝関節を支えて入れる。
5. 入浴時間は3〜5分ほど。浴槽からあがったら、上がり湯を体にかけて脱衣所に移動する。

▶ 入浴後
- 体を拭いたあと、体調確認と水分補給をおこなう。
- 着替えのあと、髪を乾かす。

清拭・足浴・手浴の方法

何らかの理由で入浴が困難な利用者には、清拭や足浴、手浴などをおこないます。それぞれの方法や手順を確認しておきましょう。

清拭

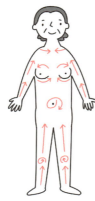
▶ 体を拭く方向

▶ 顔を拭く方向

▶ 背中を拭く方向

▶ ポイント
- 末梢（体の端）から体の中央に向かって拭く。
- 胴体は、筋肉の向きに沿って拭く。
- 拭くときには、関節を支える。
- 肌の露出は最小限にして、プライバシーに配慮する。

足浴

▶ ポイント
- 端座位または椅座位で実施。
- 洗面器、または足浴用バケツに39度ほどのお湯を2分の1用意する。
- タオルに石鹸をつけて洗う。

手浴

▶ ポイント
- 利用者にとって安楽な姿勢で実施。
- 洗面器に39度ほどのお湯を2分の1用意する。
- 手をしばらくお湯に浸けて、あたためてから洗い始める。

入浴介助で用いる福祉用具

シャワーチェア

安定した姿勢での入浴が可能。利用する人に合わせて高さが調整できます。

浴槽内イス

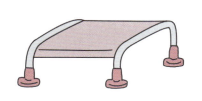

浴槽内での座り姿勢が安定し、立ち上がりやすくなります。

浴槽用手すり

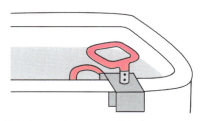

浴槽をまたぐときに、体を支えられるように、取り付ける手すりです。

バスボード

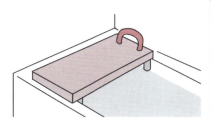

座った姿勢で浴槽に入りやすくする台。浴槽をまたぐのが困難な人向きです。

足浴用バケツ

足をかたどった形状で、膝下まで入れる深さがあるので、足を十分にあたためられます。

ケリーパッド

寝た状態で洗髪する際に使用します。円形のパッド内に頭を入れて用います。

Chapter 4 介護福祉士の専門常識その4 介護技術

介護技術❻ 衣服の着脱

❖ 衣服の着脱の介助をするうえでの基礎を理解する
❖ 利用者に向いている衣服の選び方を知る

「着患脱健」が基本ルール

　衣服の着脱は朝、起きたときにパジャマから日常着に着替えることからはじまり、外出や入浴、排泄のときにもおこなわなくてはなりません。足腰が弱っている人でも、衣服の着脱は基本的には可能ですが、麻痺がある場合には難しくなります。

　麻痺がある人への衣服の着脱をおこなう場合、「着るときは患側(かんそく)から、脱ぐときは健側(けんそく)から」という「着患脱健(ちゃっかんだっけん)」が基本のルールです。また、利用者の関節に負担をかけない着脱を心がけたうえで、介助すべき部分は介助しつつも、なるべく利用者自身の力で着脱できるようにして、自立をうながします。その際、麻痺がある人はバランスを崩しやすいため、目を離さないようにします。

　また、**利用者が好む色や柄、デザインに配慮する一方でスムーズに着脱できるような衣類を選択しましょう**。サイズは大きめを選び、ファスナーやボタンがないものを選ぶのがポイントです。

着衣と着替えの意義

体温調節	体の保護・衛生	気分転換・社会性の維持
・気温に合った衣服を着る。 ・暑い・寒いという感覚に合わせて衣服を選ぶ。	・外部の刺激から肌を守る。 ・体から出た汚れ（汗など）を吸い取る。	・着替えや身だしなみで生活にメリハリがつき、社会の一員としての自覚が出る。

衣服の着脱の介助における基本

着患脱健

片麻痺がある場合には、着るときには患側から、脱ぐときには健側からおこなうことで、無理なく着脱ができます。

着るとき

健側の手で患側の腕にシャツの袖を通したあとで、健側の腕に袖を通します。

脱ぐとき

健側の腕から袖を外し、患側の袖を健側の手で外します。

衣服の選択

素材やサイズ、デザインなど、麻痺がある人でも着脱しやすい衣服を選ぶようにします。

大きめのサイズ

体にぴったりした衣服は、着脱しにくいものです。特に関節が通る部分に余裕がある衣服を選びます。

伸縮性のある素材

ジャージ素材など、伸び縮みのある素材の衣服は、着脱しやすいだけでなく、着衣後も体を動かしやすいです。

上衣は前開きで

上衣は前開きで、ボタンではなくマジックテープなどで着られるものがいいでしょう。

ゴムウエスト

ズボンは、ファスナーがなく、ベルトが不要なゴムウエストのものを選べば、排泄のときにも焦らずに済みます。

《 介護技術 》 理解度チェック問題

問1 下の❶〜❺の、カッコ内で正しいほうを選びなさい。

❶ 利用者の体を支えるとき、介護者はその基盤となる{**重心・支持基底面**}を広くとるようにする。

❷ 利用者と介護者の{**重心・足**}を近づけることで、より少ない力で移動しやすくなる。

❸ 利用者の体を{**大きく・小さく**}まとめることで、より少ない力で移動しやすくなる。

❹ 介護は{**利用者・介護者**}本位でおこなう。

❺ 片麻痺がある場合、障害があるほうを{**健側・患側**}、障害がないほうを{**健側・患側**}と呼ぶ。

問2 下の❶〜❸の車イスへの移乗方法は、斜方接近法・側方接近法・スライディングボードを用いた移乗のうち、どれを説明したものか答えなさい。

❶ 車イスをベッドに横づけする。

❷ 車イスをベッドに対して、20〜30度につける。片麻痺の場合、健側のほうにつけること。

❸ 車イスに座位のまま体を滑らせて移乗する。

答え

問1 ❶ 支持基底面 ❷ 重心 ❸ 小さく ❹ 利用者 ❺ 患側、健側
問2 ❶ 側方接近法 ❷ 斜方接近法 ❸ スライディングボードを用いた移乗

問3 下の❶〜❻のイラストが表す、体位の名称を答えなさい。

❶

❷

❸

❹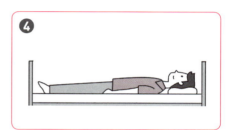

❺

❻

答え

問3 ❶ ファーラー位(半座位) ❷ 長座位 ❸ 端座位 ❹ 仰臥位 ❺ 立位 ❻ 側臥位

問4
下の❶～❺の嚥下の流れの説明にあてはまるものを、ア～オより選びなさい。

> ❶ 先行期　❷ 準備期　❸ 口腔期　❹ 咽頭期　❺ 食道期

> **ア**：食物を咽頭から食道に送る。喉頭蓋が閉まる。
> **イ**：食物を咀嚼する。
> **ウ**：食物を口腔から咽頭へと送る。
> **エ**：食物を食道から胃へと送る。
> **オ**：食物の形や量などを目で認識する。

問5
下の「排尿のしくみ」と「排便のしくみ」の、カッコにあてはまる語句を答えなさい。

▼排尿のしくみ
腎臓で作られた尿が、（ ❶ ）を通って（ ❷ ）に蓄えられる。

⬇

尿が（ ❸ ）を通って、（ ❹ ）から排泄される。

▼排便のしくみ
小腸で栄養を吸収された食物が、（ ❺ ）で便になる。

⬇

便が（ ❻ ）に溜まり、（ ❼ ）へと下りてくる。

⬇

便意によって、（ ❽ ）から排便される。

答え
問4　❶オ　❷イ　❸ウ　❹ア　❺エ
問5　❶尿管　❷膀胱　❸尿道　❹尿道口　❺大腸　❻S状結腸　❼直腸　❽肛門

問6 下の❶〜❺が説明する語句を答えなさい。

❶ 膀胱にある尿が、本人の意思とは無関係に漏れること。

❷ 急激な温度の変化によって、血圧の乱高下が発生すること。

❸ 38〜41度のお湯の温度のこと。

❹ 尿道口から侵入した病原菌によって、尿路が感染する病気のこと。

❺ 片麻痺がある場合に、衣服を着るときには患側から、脱ぐときには健側からおこなうこと。

問7 下の❶〜❸の物理法則の説明にふさわしいものを、ア〜ウより選びなさい。

❶ トルクの原理　❷ 振り子の原理　❸ てこの原理

ア：振り子は、固定された一点から左右同じ幅で振れる。
イ：重心から作用点までの距離が離れているほど、回転しやすくなる。
ウ：運動エネルギーが働くとき、支点と作用点、支点と力点のそれぞれの間の距離を変えることで、効率よく力を与えられる。

答え

問6 ❶尿失禁 ❷ヒートショック ❸中温 ❹尿路感染症 ❺着患脱健
問7 ❶イ ❷ア ❸ウ

Column 5
介護福祉士インタビュー ❺

どんな介護をしようと心がけていますか？

Mさん
どんな状況・状態にある利用者でも、「これからも元気で生きていきたい！」と思えるような介護を心がけています。日常生活に困難を抱えていても、介護福祉士がちょっとした工夫をするだけで、生活がスムーズになることが多いのです。そのように利用者の生活を支えて、いきいきと長生きできる利用者を増やしたいと思っています。

利用者に生きがいを見つけてほしいと思いながら介護をしています。たとえ寝たきりになっても、生きていることの楽しみを感じてほしいと思い、本の朗読や俳句の創作のお手伝いをすることもあります。先輩の介護福祉士は、おしゃれの楽しみを味わってもらおうと、女性の利用者にメイクをするサービスをしているそうですよ。

Nさん

Oさん
利用者の中には、介護者にしてほしいことをお願いするのを我慢してしまっている人が多いのです。なので、利用者が安心して依頼ができるような関係づくりを心がけています。利用者の了承を得たうえであだ名で呼んだり、利用者の地元の方言をマネしてみたり……と節度を守りながらも、心許し合えるようにしています。

Chapter 5

覚えておきたい基礎知識その1
介護に必要な医学知識

高齢者は介護の原因となる複数の病気を抱えていることが多いうえに、感染症などにかかりやすいものです。この章では、体の状態を表す用語や認知症などの高齢者に多く見られる病気、正しい感染症対策などの、介護に必要な医学知識の基礎を身につけましょう。

高齢者に起こりうる病気や症状を知ることで、あなたが介護福祉士になったときに、どのような対応や介護ができるかを考えてみましょう。

Chapter 5 覚えておきたい基礎知識その1 介護に必要な医学知識

介護福祉士がおこなう医療的ケア

❖ 介護福祉士が実施できる医行為を把握する
❖ 医行為外の実施できる行為についても理解する

例外的に認められた医行為を実施

　医師の医学的知識や診断をもとにして実施しなければ、人体に危害が及ぶと考えられる行為である「医行為」は本来、介護福祉士をはじめとする介護職が実施することは認められていません。しかし、**2011（平成23）年の社会福祉士及び介護福祉士法の改正により、必要な研修を受講した介護福祉士などが「喀痰吸引」（▶P.120）と「経管栄養」（▶P.121）の２つの医行為を例外的に実施できることになりました。この介護福祉士などが実施できる医行為を、総称して「医療的ケア」と呼びます。**さらに、介護福祉士養成課程で「医療的ケア」のカリキュラムが追加され、2016年度の介護福祉士の国家試験から「医療的ケア」の領域が追加されました。

　なお、介護福祉士などによる医療的ケアの実施には、医師の指示と承認が必要で、医師や看護師の指導のもとでおこなわなければなりません。

医行為の種類

絶対的医行為
医師（または歯科医師）が自ら実施しなければ、人体に危害が及ぶ高度な医行為
- 手術
- 薬の処方　など

相対的医行為
医師（または歯科医師）の指示・監督のもとで、看護師がおこなえる医行為
- 軽度の傷の手当て
- 注射・点滴の実施　など

> この「相対的医行為」の一部を、介護福祉士が担います。

介護福祉士に認められている医行為・非医行為

介護福祉士などに認められている医行為

▶ **喀痰吸引**
（口腔内、鼻腔内および気管カニューレ内）（▶ P.120）

▶ **経管栄養**
（胃ろう、腸ろう、経鼻経管栄養など）（▶ P.121）

※**気管カニューレ**…気道を確保するために、切開した気管に管を通す医行為。

医行為にあたらない行為（非医行為）

介護の現場では、医行為かどうかの判断がしにくい行為がいくつか存在しています。そこで2005（平成17）年に、厚生労働省が「医行為にあたらない行為（非医行為）」を通知しました。これによって、検温などの行為が介護福祉士をはじめとする介護職でも可能であることが明確になりました。

行為		行為実施の条件
体温測定		●水銀体温計、電子体温計による腋の下での体温測定 ●耳式電子体温計での外耳道の体温測定
血圧測定		自動血圧測定器での血圧測定
パルスオキシメーターの装着		新生児以外の、入院治療の不要者に装着可能
軽い傷などの処置		●軽い切り傷、擦り傷、やけどなどの、専門的な判断や技術が不要な処置 ●汚物で汚れた場合のガーゼ交換
爪切り、爪やすりによるやすりがけ		下記の条件がすべてあてはまった場合に実施可能 ●爪そのものに異常がなく、爪の周囲の皮膚に化膿や炎症がない ●糖尿病などの疾患にともなう専門的管理が不要
歯ブラシ・綿棒・巻き綿子などで、歯・口腔粘膜・舌の汚れの除去		重度の歯周病などがない場合に実施可能
耳垢の除去		耳垢塞栓（耳垢が固まって耳の穴がふさがっていること）の除去を除く
ストーマ装具のパウチに溜まった排泄物の処分		肌に装着したパウチの取り替えは除く
自己導尿のカテーテルの準備や体位保持		
ディスポーザブルグリセリン浣腸器（使い捨ての浣腸器）を用いた浣腸		●挿入部の長さが5〜6cm以内 ●グリセリン濃度50％ ●容量は成人用で40g程度以下
医薬品に関する介助6項目	皮膚への軟膏の塗布	褥瘡の処置を除く
	皮膚への湿布の貼付	
	点眼薬の点眼	
	一包化された内用薬の内服	舌下錠の使用も含む
	肛門からの坐薬挿入	
	鼻粘膜への薬剤噴霧	

介護福祉士などが可能な医行為❶　喀痰吸引

　喀痰吸引（かくたんきゅういん）は、唾の飲み込みや痰の排出（排痰（はいたん））が自力でおこなえない利用者に対して、吸引器によって排出させる行為です。吸引器のチューブを口腔や鼻腔、または気管カニューレに挿入し、中に溜まった唾液や痰を吸い取ります。痰の吸引は、利用者にとっては苦痛をともなう行為であるため、安全に十分気をつけながら、医師の指示のもとですみやかにおこなわなければなりません。なお、吸引力が必要な状態かどうかの判断・確認は、看護師がおこないます。

吸引器

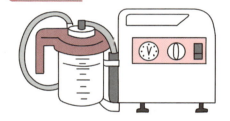

陰圧（内部の圧力が外部より低い状態）を起こすモーター部分と、吸引瓶、痰を吸い出すためのホース部（接続チューブ）で構成されています。チューブを体内に挿入し、吸い取った唾液や痰などは吸引瓶に溜まります。

喀痰吸引の種類

口腔内の吸引　　　　鼻腔内の吸引　　　　気管カニューレ内の吸引

喀痰吸引の注意点

- 低酸素状態を防ぐため、1回の吸引にかける時間は10～15秒にする。
- 体内の粘膜に触れる行為であるため、感染症防止策を徹底する。
- 繊細な気管粘膜を傷つけないようにする。

介護福祉士などが可能な医行為❷　経管栄養

経管栄養とは、何らかの理由によって食物を口から摂取できなくなった利用者に対し、管によって胃や腸へと直接栄養を送る医行為です。おもに咀嚼や嚥下が困難になった高齢者に用いる手段で、医師の指示によって実施します。

経管栄養の種類

経鼻経管栄養法
片方の鼻腔から胃まで管を入れ、栄養や水分を補給する。

胃ろう経管栄養法
腹壁と胃に「ろう孔」という穴を開けてチューブを通し、栄養や水分を補給する。

腸ろう経管栄養法
小腸の一部である「空腸」にろう孔を開けてチューブを通し、栄養や水分を補給する。

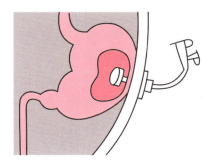

胃ろうのしくみ
必要な栄養分を含んだ栄養剤を、ろう孔につながったチューブより注入する。回復して経口での栄養摂取が可能になったら、胃ろうをふさぐことも可能。

経管栄養の注意点

- ろう孔の周りは、ガーゼや綿棒を使ってぬるま湯で拭いてから、乾燥させることで清潔にする。
- 口での栄養摂取をしていなくても、口腔ケアをおこなう。
- ろう孔の周りに異常が見られたら、すみやかに医師や看護師に連絡する。

Chapter 5 覚えておきたい基礎知識その1 介護に必要な医学知識

意識と身体状態

❖ 意識レベルの確認方法を知る
❖ 身体の状態を表す用語を把握する

意識レベルの確認法と身体状態の用語を知る

　安全な介護をおこなうにあたっては、利用者の意識と体の状態について常に把握する必要があります。意識状態は、声かけや呼吸の有無、バイタルサイン（脈拍、体温、血圧などの数値）の状況で確認します。また、**意識障害があると考えられる場合には、「3-3-9度方式（JCS法）」で意識レベルを判断することもあります。** これは意識レベルを大きく3段階に分け、それをさらに3段階ずつに分類した9段階による判断基準です。

　体の状態は、利用者へのサービス提供を開始する際に確認することが多く、**麻痺がある場合は、どの部分にどの程度の麻痺があるのかを把握します。** また、体の器官や運動機能の状態を表す医学用語を理解していると、各種の介護記録（▶P.70〜75）の作成にも役立ちます。

3-3-9度方式（JCS法）

Ⅲ.刺激しても覚醒しない状態 （3桁の点数で表現）	300	痛み刺激に反応しない
	200	痛み刺激で少し手足を動かしたり、顔をしかめる
	100	痛み刺激に払いのけるような動作をする
Ⅱ.刺激すると覚醒する状態 （2桁の点数で表現）	30	呼びかけや痛み刺激をくり返すと、かろうじて目を開ける
	20	大声の呼びかけ、体を揺さぶることで目を開ける
	10	普通の呼びかけで容易に目を開ける
Ⅰ.刺激なしに覚醒している状態 （1桁の点数で表現）	3	自分の名前、生年月日が言えない
	2	見当識障害がある
	1	大体意識清明だが、ぼんやりしている

※数字が大きいほど重症。

身体の状態を表す用語

運動機能の状態

▶ **麻痺** 中枢神経や末梢神経の障害によって、運動機能や感覚機能が失われた状態のこと。

対麻痺 (ついまひ)	片麻痺 (かたまひ)	単麻痺 (たんまひ)	四肢麻痺 (ししまひ)
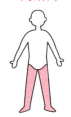			
両腕または両脚に、左右対称に発生する麻痺（イラストは両側下肢麻痺）。	片側の腕や脚に生じる麻痺（イラストは左の上下肢麻痺）。	片腕または片足に発生する麻痺（イラストは左下肢一肢麻痺）。	両腕と両脚に発生する麻痺。

▶ **失調（しっちょう）** 何らかの調整機能を失った状態。たとえば自律神経失調症は、自律神経の調節機能がうまく働かない病気のこと。

▶ **失行（しっこう）** 麻痺などの運動機能の障害はないものの、目的の動作をうまくおこなうことができない状態。

▶ **拘縮（こうしゅく）** 関節周辺の筋肉や皮膚などの伸縮性が失われて固くなり、関節の動きが悪くなっている状態。

器官の状態

▶ **不全（ふぜん）** 身体器官の機能がうまく働いていない状態。たとえば心不全は、心臓の機能がうまく働いていない病気のこと。

▶ **狭窄（きょうさく）** 血管や気管などの管状のものの、通りが狭まっている状態。

▶ **閉塞（へいそく）** 血管や気管などの管状のものの、通りがふさがっている状態。たとえば腸閉塞は、腸が何らかの理由で詰まってふさがっている病気のこと。

▶ **壊死（えし）** 酸素や栄養などが行きわたらずに、組織が死んでいる状態。

▶ **梗塞（こうそく）** 組織の一部で血流が悪くなり、壊死を起こしている状態。たとえば心筋梗塞は、心臓の一部が壊死している病気のこと。

Chapter 5 覚えておきたい基礎知識その1 介護に必要な医学知識

認知症

- 認知症の原因や症状について理解する
- 認知症の利用者に対する介護のポイントを把握する

症状には中核症状とBPSDがある

　記憶や見当識（時間・場所・人の認識）、理解、判断、計算など、日常生活において欠かせない脳の働きを「認知機能」といいます。認知症は、この認知機能の低下によって、日常生活に支障が生じている状態のことです。認知症の原因にはいくつかの病気（疾患）が考えられており、それぞれの原因疾患によって症状や進行の状態に違いがあります。

　認知症には、脳の機能障害によって直接引き起こる「中核症状」と、脳の機能障害によって日常生活が混乱することで現れる「BPSD（行動・心理症状）」があります。中核症状は進行を遅らせることがある程度可能ではあるものの、進行した状態を改善させることは困難です。しかしBPSDは、適切な介護で環境を整えることで改善が見られることが多いため、その人の症状に合った介護を心がけていく必要があります。

認知症の種類

種類	原因	特徴的な症状
アルツハイマー型認知症	異常なたんぱく質が蓄積し、脳の神経細胞が破壊され、脳の萎縮が発生。	もの忘れ、徘徊、介護への抵抗など。
血管性認知症	脳の血管の破壊・閉塞で、脳の神経細胞が破壊される（脳卒中）。	障害を受けた脳の部位によって、症状が異なる。
レビー小体型認知症	大脳皮質の神経細胞内に異常なたんぱく質である「レビー小体」が蓄積し、脳の機能が低下。	歩きにくい、動きが緩慢、幻視など。
前頭側頭型認知症	前頭葉と側頭葉の萎縮が発生。	性格の変化など。

中核症状の種類

認知症の中核症状は、脳の神経細胞の破壊によって起こる直接的な症状のことです。認知症の進行の度合いや、認知症の種類によって程度の差はあるものの、認知症になった人であれば誰にでも起こりうるものです。おもに、下記のような症状が起こります。

記憶障害

- いわゆる「もの忘れ」と呼ばれる障害。
- 新しいことを覚えられないため、直前の食事を忘れたりする。
- おもにアルツハイマー型認知症の初期に見られる。

見当識障害

- 「今日は何月何日」「自分は何歳」という時間の認識ができなくなる。
- 自分がどこにいるかわからないなど、場所の認識ができなくなる。
- 家族や知人を「知らない人」と認識したり、別な人と間違えたりする。

実行機能障害

- 日常で当たり前に実行していた行動ができなくなる。
- 計画を立てたうえで、その順番どおりに実行することができなくなる。
- 料理の手順を間違えたり、トイレでの排泄のしかたを忘れたりする。

理解力・判断力障害

- 物事の理解に時間がかかるようになる。
- 2つ以上のことを同時に実行できなくなる。
- 抽象的な表現を理解できなくなる。

認知障害

- 「失認」「失行」「失語」の3つの障害。
  失認
  五感（視覚、嗅覚、聴覚、触覚、味覚）から脳への伝達がうまく処理されない。
  失行（▶P.123）
  運動機能に問題はないが、日常動作ができなくなる。
  失語
  読む、聞く、話す、書くといった言語機能の能力が失われる。

BPSDの種類

　認知症の周囲の人とのかかわりの中で起こる症状であるBPSDは、Behavior and Psychological Symptoms of Dementiaの略語で、「行動・心理症状」や「周辺症状」とも呼ばれます。これは認知症になった人が必ずしも発症するものではなく、脳機能の低下にともなう生活の混乱や不自由さによって引き起こされたり、本人の性格や生活環境、介護者との関係によって変化する症状です。

徘徊
- あちこち歩き回る症状。
- 見当識障害により、自分の居場所がわからなくなってしまう。

食行動異常
- 見当識障害により、食事をしたことを忘れてしまい、何度も食事をする。
- 失認により、食べられないもの（ティッシュペーパーなど）を食べてしまう。

拒否
- 食事や入浴などの介助を嫌がる。
- 日常行為に不安を感じてしまい、拒否反応をする。

幻覚
- ないものが見えたり（幻視）、音や声が聞こえたりする（幻聴）。
- 幻視はレビー小体型認知症の人が発症しやすい。

睡眠障害
- 夜眠れなくなったり、昼寝をしやすくなる。
- 睡眠を調節する神経細胞や、体内時計の調節の機能低下が原因。

抑うつ
- やる気を失い、落ち込みやすくなる。
- 認知症と診断されたことで、気落ちして発症することが多い。

妄想
- 猜疑心が強くなる。
- 事実ではないことを思い込んでしまう。

暴言・暴力
- 家族や介護者に暴言を放ったり、暴力をふるったりする。
- 不安や不満の蓄積が原因であることが多い。

認知症の人への介護

認知症の人は、これまでできていたことや感じていたことができなくなったせいで、常に不安や不満を抱えている状態にあるといえます。認知症の人を介護する際には、「何に不安・不満を感じるのか」を理解しつつ、安心感をもちながら生活できるように心がける必要があります。

介護のポイント

否定をしない
幻視や幻聴が現れている人の話を否定せず、話に耳を傾けるようにします。そのうえで、本人が「あれは見間違え（聞き間違え）だった」と思えるように導くなどの配慮をします。

自尊心を尊重
本人の人格を無視したり傷つけたりせず、その人らしい生活ができるように、寄り添う形の介護をすることで、自尊心が保たれ、さまざまな症状が緩和することが多いです。

安心してもらう
認知症の人は場所や時間の認識が難しく、そのために不安を覚えて混乱してしまうことがあります。慣れ親しんだ場所で生活をすることで、安心感を生むことができます。

また、（公財）認知症予防財団は、次のような「認知症介護の10カ条」を提唱しています。

●第一条　コミュニケーション
語らせて ほほえみ うなずき なじみ感

●第二条　食事
工夫して ゆっくり食べさせ 満足感

●第三条　排泄
排泄は 早めに声かけ トイレット

●第四条　入浴
機嫌見て 誘うお風呂で さっぱりと

●第五条　身だしなみ
身だしなみ 忘れぬ気配り ハリ生まれ

●第六条　活動
できること 見つけて活かす 生きがいづくり

●第七条　睡眠
日中を 楽しく過ごせ 安眠感

●第八条　精神症状
妄想は 話を合わせて 安心感

●第九条　問題行動
叱らずに 受けとめて防ぐ 問題行動

●第十条　自尊心
自尊心 支える介護で いきいきと

Chapter 5 覚えておきたい基礎知識その1　介護に必要な医学知識

高齢者に多い病気

❖ 高齢者がかかりやすい、要介護状態の原因となる病気を把握する
❖ 高齢者が病気にかかりやすい理由を知る

加齢で病気にかかるリスクが高くなる

　高齢者はいくつもの病気を抱えていることが多いものです。これは、体温の調節や病気からの回復を担う「ホメオスタシス」という機能が加齢によって低下し、さまざまな病気にかかるリスクが高まるためだと考えられています。また、**高齢者が病気にかかった場合、はっきりとした症状が現れるのに時間がかかることが多く、気づいたときには重症化していることもあります**。認知症などの影響で自覚症状に気づかないこともあるので、介護者による日々の観察が必要です。

　さらに、**安静指示が出ている高齢者でも体を動かさない状態が続くと、「廃用症候群」という心身全般の機能障害が起こることもあります**。おもな症状は、筋力の低下や関節の拘縮、心肺機能の低下、うつなどです。廃用症候群が原因で寝たきりになることもあるため、ベッドから起き上がる時間を増やしたり、意識的に手足を動かすなどして、予防を心がけましょう。

廃用症候群のおもな症状

運動機能	筋力の低下、筋肉の萎縮、関節の拘縮、骨粗鬆症など
心肺機能	心臓の血液排出量の低下、肺活量の低下、起立性低血圧、肺炎など
皮膚	褥瘡など
消化機能	便秘など
精神機能	うつ、認知症など
排泄機能	尿失禁、尿路感染症など

高齢者に多いおもな病気

脳血管疾患（脳卒中）

- 脳の血管が血流障害を起こし、脳細胞が死んでしまう病気の総称で、「脳卒中（のうそっちゅう）」と呼ばれる。
- 血管が詰まる「脳梗塞（のうこうそく）」と、血管が破れる「脳出血」「くも膜下出血」がある。

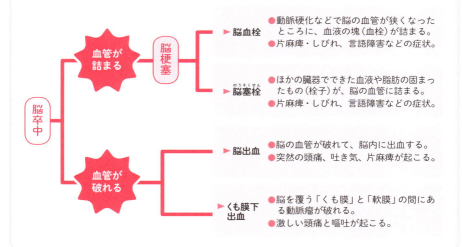

虚血性心疾患（きょけつせいしんしっかん）

- 心臓の筋肉（心筋）に酸素や栄養を送る冠動脈の血流が悪くなり、血液が十分に行きわたらなくなった状態。
- 胸痛が代表的な症状。

▶ 狭心症（きょうしんしょう）
血液の流れが一時的に悪くなった状態。

▶ 心筋梗塞
血液が流れなくなった部分の細胞が壊死している状態。

心不全

- 心臓のポンプ機能の低下により、全身に血液を送り出せない状態のこと。
- 発症のしかたによって慢性と急性がある。

	発症のしかた	おもな症状
慢性心不全	長期間にわたって、徐々に心臓の機能不全が進むことで発症	動悸、息切れ、全身倦怠感、呼吸困難など
急性心不全	突然心臓の機能不全が起こって発症	呼吸困難、血圧低下、不整脈など

高血圧症

- 血圧が基準値よりも高い状態のこと。
- 初期の段階では自覚症状はほとんどないが、脳卒中や心臓病などのさまざまな合併症を引き起こす可能性がある。

肺炎

- 細菌やウイルスの感染による肺の炎症。高齢者では、誤嚥が原因の誤嚥性肺炎が多い。
- 一般的には発熱、咳、痰、呼吸困難が起こるが、高齢者ははっきりとした症状が見られず、発見が遅れることが多い。

気管支喘息

- 気管支が慢性的な炎症を起こして狭くなり、咳や呼吸困難を引き起こす。
- 高齢者の場合、気道内が細菌やウイルスに感染することで発症する。

慢性閉塞性肺疾患（COPD）

- 喫煙などで有害物質を継続的に吸い込むことで、炎症を起こした肺の機能が徐々に低下する。
- 代表的な症状は息切れ、慢性的な咳や痰。

骨粗鬆症

- 骨量（骨密度）が低下し、骨の内部に空間が生じて骨が弱くなった状態。女性に多く見られる。
- わずかな負荷によっても骨折しやすくなり、寝たきりの原因になることが多い。

関節リウマチ

- 滑膜（関節を包む膜）に炎症が起こり、関節が腫れて痛む。
- 30～50代で患者数が増加し、女性に多い疾病。進行すると、関節の変形や機能障害を引き起こす。

変形性関節症

- 関節でクッションの役割を果たす軟骨がすり減り、関節に腫れや痛みを引き起こす。
- 関節自体に明らかな原因がない一次性変形性関節症と、けがなどが原因の二次性変形性関節症がある。

腰部脊柱管狭窄症

- 脊柱管（神経が通る管）が狭くなり、神経や血管が圧迫される脊柱管狭窄症が、腰で発症する。
- おもな症状は腰の痛みやしびれ。長く立ち続けると、下肢にも痛みやしびれが起こる。

パーキンソン病

- 神経伝達物質であるドーパミンの減少で、脳からの運動指令がうまく伝わらず、体の動きに障害が出て、下記のような運動症状が見られる。

振戦（しんせん）	● 何もしていないときに、手足が震える。 ● 動き出すと、震えが止まる。
筋固縮（きんこしゅく）	● 筋肉がこわばる。 ● 首や肘を動かすと、カクカクとした抵抗を感じる。
無動・寡動（むどう・かどう）	● 動き始めるのに時間がかかる。 ● 動きがとても遅い。
姿勢反射障害	● バランスを保てず、膝を曲げた前傾姿勢になる。 ● バランスを崩すと、もとの姿勢に戻すのが困難で、転倒しやすい。

糖尿病

- 血糖値を下げる働きをするホルモンである「インスリン」の作用が不十分で、血糖値が高い状態（高血糖）が続く。
- 初期には自覚症状はほとんどないが、重症化するとさまざまな合併症を引き起こす。

▶ 糖尿病の種類

1型糖尿病	● 何らかの原因で、インスリンを分泌するすい臓内の細胞が壊れ、インスリンの分泌ができない。 ● 子どもや若年層に多い。
2型糖尿病	● 生活習慣（食べ過ぎ、運動不足など）によって発症。 ● 中高年以降に多く見られる。

うつ病

- 気分の落ち込みなどの精神的症状と、不眠や食欲不振などの身体的症状を発症する精神疾患。
- 高齢者の場合、配偶者との死別や生きがいの喪失などによって発症することが多い。

褥瘡（じょくそう）（床ずれ）

- 寝たきりなどによって、圧迫され続けた部分の血流が悪くなり、皮膚の一部に発赤（ほっせき）（炎症で赤くなる）やただれ、傷などができる。
- 自分で体位変換できない人が発症しやすい。

Chapter 5 覚えておきたい基礎知識その1 介護に必要な医学知識

感染症とその対策

❖ 感染症を拡大させないための対策方法を把握する
❖ 介護施設などで多く見られる感染症について知る

介護者が感染症の正しい知識をもつ

細菌やウイルスなどの病原体が体に入ることを「感染」といい、感染によって引きこされた病気が「感染症」です。体力や免疫力の低下した高齢者が感染症を発症すると、重篤な症状を引き起こしたり、命にかかわることもあります。介護施設などでの感染症の集団感染を防ぐためには、介護者が感染症についての正しい知識をもち、予防と対策を続けていく必要があるのです。

また、**感染症によっては、感染から発症まで時間がかかったり、症状の改善後にも感染源が体内に潜んでいることがあります。**たとえばインフルエンザの場合は、感染から感染症としての発症までに2〜3日の潜伏期間があります。ノロウイルスは、症状が治まったあとでも2〜3週間はウイルスが排出されると考えられています。このような症状を発症していない感染者(保菌者)も、病原体をほかの人に感染させる可能性がありますので、利用者だけでなく、介護者自身も保菌者にならないように気をつけましょう。

感染症発生の要素

感染源
- 病原体である細菌やウイルスで汚染されたもののこと。
- 感染者の排泄物や嘔吐物、感染者が触れたタオルやリネンなど。

感染経路
- 病原体が人の体内へと運ばれる道筋のこと。
- 空気感染、飛沫感染などの経路がある。

感受性宿主
- 抵抗力や免疫力が低下していて、感染症を発症しやすい人のこと。
- 感染症は、人の抵抗力・免疫力よりも、病原体の力が強い場合に発症する。

感染症への対策

感染源の排除

感染源になる排泄物・嘔吐物の処理は、介護者は自分が感染者になることを防ぐために、感染症の有無にかかわらず実施する「標準予防策（スタンダード・プリコーション）」にもとづいておこないます。

標準予防策（スタンダード・プリコーション）のポイント

手洗い
- 手洗いは「1ケアごと」に、「ケアの前後」におこなう。
- 石鹸と流水での手洗いと、流水がない場合の消毒薬による手指の消毒がある。

防護用具（手袋・マスクなど）
- 手袋は1ケアごとに交換し、使用した手袋のままでドアノブなどの物品に触れない。
- マスクの着用時には、口・鼻・顎をすべて覆う。

洗浄・消毒
- 排泄物や嘔吐物は利用者の立ち入りを制限して、乾燥する前に処理する。
- 十分に換気をして、適切な濃度の消毒液で拭き取る。

感染経路の遮断

感染経路を遮断するには、感染源（病原体）を「持ち込まない」「広げない」「持ち出さない」という3原則に従って実施します。

高齢者介護施設での感染症対策

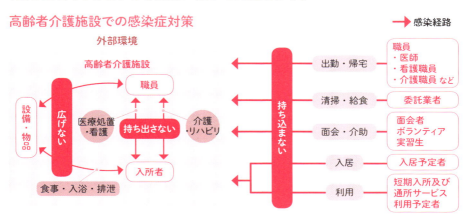

＜厚生労働省「高齢者介護施設における感染症対策マニュアル」をもとに作成＞

また、感染経路には下記のような種類があります。

感染経路	経路の詳細	病原体
接触感染 （経口感染を含む）	手指や食品、食器、調理器具などを介した感染	ノロウイルス、腸管出血性大腸菌、緑膿菌など
飛沫感染	● 咳、くしゃみ、会話などの飛沫粒子（5μm[※1]以上） ● 1m以内の床に落下し、空中を浮遊し続けることはない	インフルエンザウイルス、ムンプスウイルス、風しんウイルス、レジオネラ属菌など
空気感染	● 咳、くしゃみ、会話などの飛沫粒子（5μm以下） ● 空中に浮遊して飛散	結核菌、麻しんウイルス、水痘ウイルスなど
血液媒介感染	病原体に汚染された血液や体液、分泌液が、針刺し事故[※2]などによって体内に入る	B型肝炎ウイルス、C型肝炎ウイルス、ヒト免疫不全ウイルス（HIV）など

[※1]「マイクロメートル」と読む長さの単位。1μm＝0.000001m。
[※2] 医療従事者が、他者の血液などで汚染された器具（注射針など）で外傷を受ける事故のこと。
＜厚生労働省「高齢者介護施設における感染症対策マニュアル」をもとに作成＞

発症者の早期発見

介護施設などで集団感染を防ぐには、感染症の発症者を早期に発見することが大切ですので、感染症を疑うべき症状やサインを確認しておきましょう。

おもな症状	要注意のサイン
発熱	● 発熱してぐったりしている、意識がはっきりしない、呼吸がおかしいなど、全身の状態が悪い。 ● 発熱以外に、嘔吐や下痢などの症状が激しい。
嘔吐	● 嘔吐に加えて、発熱・腹痛・下痢があり、便に血が混じることがある。 ● 嘔吐に加えて、発熱し、体に赤い発疹も出ている。 ● 嘔吐に加えて、発熱し、意識がはっきりしていない。
下痢	● 便に血が混じっている。 ● 尿が少ない、口が渇いている。
咳・咽頭痛・鼻水	● 咳・咽頭痛・鼻水に加えて、熱があり、痰のからんだ咳がひどい。
発疹（皮膚の異常）	● 牡蠣殻状の厚い鱗屑[※]が、体幹や四肢の関節の外側、骨の突出した部分など、圧迫や摩擦が起こりやすいところに多く見られる。 ● 非常に強いかゆみがある場合と、かゆみがまったくない場合もある。

※ 皮膚の角質細胞が厚くなり、剥がれかかった状態で付着しているもの。
＜厚生労働省「高齢者介護施設における感染症対策マニュアル」をもとに作成＞

介護現場で多く見られる感染症

食中毒

- 有毒な微生物などを含む食物を摂取することで、下痢や腹痛、嘔吐、発熱などを発症する。
- 高齢者の場合、下痢や嘔吐で脱水症状になり、命にかかわることが多い。

種類	病原体
細菌性食中毒	サルモネラ、腸内ビブリオ、病原大腸菌、ブドウ球菌、ボツリヌス菌、腸管出血性大腸菌など
ウイルス性食中毒	ノロウイルスなど
自然毒食中毒	ふぐ、毒きのこなど
化学性食中毒	化学物質など

ノロウイルス（感染性胃腸炎）

- ノロウイルスに汚染された貝類を非加熱で食べることで感染。吐き気、嘔吐、下痢、腹痛などを発症する。
- 感染力が非常に強く、感染者の便や吐瀉物から感染することも多い。

腸管出血性大腸菌感染症（O157など）

- ベロ毒素を出す腸管出血性大腸菌が付着した食物の摂取で感染。激しい腹痛と水のような便が出るのが特徴。
- 菌が少量でも感染するため、二次感染が非常に多い。

疥癬

- ヒゼンダニが皮膚に寄生して発症する。腹部や胸部、大腿内側、陰部などに赤く乾燥した発疹ができ、かゆみが出る。
- 疥癬の中でも、寄生しているヒゼンダニが100万匹を超える角化型疥癬は感染力が強い。

インフルエンザ

- インフルエンザウイルスによる感染症。冬に流行し、38度以上の急な発熱、頭痛、筋肉痛、関節痛などの全身症状が出る。
- 感染力が非常に強く、高齢者は肺炎などの合併症をともなって重症化しやすい。

MRSA感染症

- メチシリンなどの抗生物質が効きにくい黄色ブドウ球菌に感染することで、肺炎や敗血症、腸炎、髄膜炎などを引き起こす。
- 病気などで体力が弱っているときに感染しやすい。

結核

- 結核菌に感染すると、体力が低下していたり、ほかの病気で免疫力が弱っているとき、結核菌が活動を始め、発症する。
- 咳や痰などの呼吸器症状と、発熱や寝汗などの全身症状が見られる。

《介護に必要な医学知識》
理解度チェック問題

問1 下の❶～❽から、介護福祉士が実施可能な「医行為にあたらない行為」を選びなさい。

- ❶ 体温測定
- ❷ 軽い傷などの処置
- ❸ 点滴の実施
- ❹ 耳垢の除去
- ❺ 注射の実施
- ❻ レントゲン検査
- ❼ パルスオキシメーターの装着
- ❽ 皮膚への軟膏の塗布

問2 下の❶～❹の文章の、カッコ内で正しいほうを選びなさい。

❶ 喀痰吸引は、自力で{**痰・尿**}の排出ができない利用者に、吸引器で排出させる医行為である。

❷ 喀痰吸引は、利用者の{**苦痛・喜び**}をともなうため、すみやかに実施する。

❸ 経管栄養は、管によって{**喉・胃**}や腸へと直接栄養を送る医行為である。

❹ 胃ろう経管栄養法では、腹壁と胃に{**ろう孔・空腸**}を開けてチューブを通し、栄養や水分を補給する。

答え

問1 ❶、❷、❹、❼、❽
問2 ❶ 痰　❷ 苦痛　❸ 胃　❹ ろう孔

問3 下の❶〜❹のイラストで、赤色の部分が麻痺である場合の状態を表す名称を答えなさい。

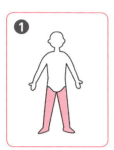
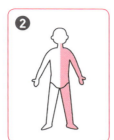
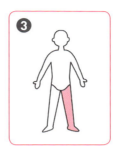
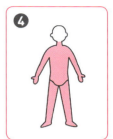

問4 下の❶〜❹の文章は、枠内にある認知症のどのタイプの説明にあてはまるかを答えなさい。

❶ 前頭葉と側頭葉の萎縮が発生する。

❷ 異常なたんぱく質が蓄積し、脳の神経細胞が破壊されることで脳の萎縮が発生。

❸ 大脳皮質の神経細胞内に「レビー小体」が蓄積し、脳の機能が低下する。

❹ 脳の血管の破壊・閉塞によって、脳の神経細胞が破壊される。

> アルツハイマー型認知症　血管性認知症　レビー小体型認知症　前頭側頭型認知症

答え

問3　❶ 対麻痺　❷ 片麻痺　❸ 単麻痺　❹ 四肢麻痺
問4　❶ 前頭側頭型認知症　❷ アルツハイマー型認知症　❸ レビー小体型認知症　❹ 血管性認知症

問5 下の❶～❿の説明にあてはまる疾病名を、枠内から選びなさい。

❶ 細菌やウイルスの感染によって、肺が炎症を起こしている状態。

❷ ドーパミンの減少で、脳からの運動指令が伝わりにくくなり、運動障害が生じる。

❸ 脳の血管の血流障害によって、脳細胞が死んでしまう病気の総称。

❹ 関節を包む膜である滑膜の炎症によって、関節が腫れて痛む。

❺ 女性に多い症状で、骨量が減少して骨の内部に空間が生じ、骨が弱くなる病気。

❻ 自力での体位変換ができず、圧迫され続けた部分の血流が悪くなり、皮膚に発赤やただれ、傷などができる。

❼ 心臓のポンプ機能の低下で、全身に血液を送り出せなくなる病気。

❽ インスリンの作用が不十分であるために、血糖値が高い状態が続いた病気。

❾ 冠動脈の血流が悪くなり、心筋に血液が十分に行きわたらなくなった状態。

❿ 有害物質を継続的に吸い込むことで肺が炎症を起こし、機能が徐々に低下する。

脳血管疾患　虚血性心疾患　心不全　肺炎　慢性閉塞性肺疾患（COPD）
骨粗鬆症　関節リウマチ　パーキンソン病　糖尿病　褥瘡（床ずれ）

答え

問5 ❶ 肺炎　❷ パーキンソン病　❸ 脳血管疾患　❹ 関節リウマチ　❺ 骨粗鬆症
　　❻ 褥瘡（床ずれ）　❼ 心不全　❽ 糖尿病　❾ 虚血性心疾患　❿ 慢性閉塞性肺疾患（COPD）

問6 正しいものに○、間違っているものに×をつけなさい。

❶ 手洗いは、担当する利用者のケアがすべて終わったあとにおこなうのが基本である。

❷ マスクは息苦しくないように隙間を空けて着用する。

❸ 排泄物や嘔吐物を処理する場合、乾燥する前にすみやかに処理しなければならない。

❹ 感染経路を遮断するには、病原体を「持ち込まない」「広げない」の2つの原則に従って実施する。

❺ 集団感染を防ぐには、感染症の発症者を早く発見することが大切である。

問7 下の❶～❹の感染症の原因となるものを、ア～エより選びなさい。

❶ ノロウイルス　❷ 疥癬　❸ MRSA感染症　❹ 腸管出血性大腸菌感染症

ア：ヒゼンダニが皮膚に寄生
イ：ベロ毒素を出す腸管出血性大腸菌が付着した食物の摂取
ウ：病原体に汚染された貝類を非加熱で摂取
エ：抗生物質が効きにくい黄色ブドウ球菌に感染

答え

問6 ❶× ❷× ❸○ ❹× ❺○
問7 ❶ウ ❷ア ❸エ ❹イ

Column 6
正しい手洗い方法を習得！

　感染症を防止する手段の中で、もっとも有効で基本となるのが手洗いです。手指の汚れを落とし切る、正しい手洗いの方法を覚えておきましょう。

手洗い前の準備

- ▶ 指輪や腕時計は外し、袖を肘までまくり上げる。
- ▶ 手洗い後にはタオルやハンカチではなく、使い捨てのペーパータオルで拭く。
- ▶ 石鹸は、多くの人と共有する固形タイプではなく、液体のものを使う。

正しい手洗いの方法

❶ 液体石鹸を手に取ったら、十分に泡立てる。

❷ 手のひらをこすり合わせて洗い、次に手のひらで手の甲をこすって洗う。

❸ 手のひらを使って、指先や爪の間を丁寧に洗う。

❹ 両手を組むようにして、指の間を洗う。

❺ 親指を付け根からねじるように洗う。

❻ 手首をねじるように洗う。

Chapter 6

覚えておきたい基礎知識その2
介護の制度としくみ

介護サービスの提供は、高齢者には「介護保険制度」、障害者には「障害者総合支援法」にもとづいて実施されています。これらの内容やしくみを把握し、そのほかの介護に関する制度と関連づけながら、現在の日本における介護の状況を理解しましょう。

多くの介護の制度は、数年おきに見直しがおこなわれることが多いものです。まずは現状を知り、変化の多い介護の状況に対応しましょう。

Chapter 6　覚えておきたい基礎知識その2　介護の制度としくみ

介護保険制度

❖ 介護保険制度のしくみを把握する
❖ 財源や利用料の負担の流れを理解する

社会全体で高齢者を支えるしくみ

　高齢化社会が進んだ日本では、多くの高齢者が介護を必要としており、これからもその数は増え続けると考えられています。**その負担を高齢者自身や家族だけに背負わせるのではなく、社会全体で支え合うしくみを整えるために、2000年4月から「介護保険制度」がスタート**しました。日本在住の人は、40歳以上であれば介護保険の加入と介護保険料を納める義務があります。介護保険の加入者は、健康保険などの医療保険に加入した40〜64歳の「第2号被保険者」と、65歳以上の「第1号被保険者」の2種類があり（▶P.144）、40歳から介護保険を適用したサービスを利用することができます。

　介護保険を適用するには、介護がどの程度必要であるかを判断する「要介護・要支援認定」（▶P.148〜149）を受ける必要があります。第2号被保険者の場合は、特定疾病が原因で要介護・要支援の状態になった場合のみ、介護保険が適用されます（▶P.144）。

　認定を受けた人の介護サービスの利用料金の負担は1割または2割で、残額は税金と介護保険料で補助されます。介護サービスの利用料金である介護報酬は国が規定しており、3年ごとに見直されています。また、介護保険制度を支える介護保険料は、第1号被保険者の場合は年金から徴収されるか、納付書による普通徴収がおこなわれます。第2号被保険者の場合は、医療保険料とともに給与から徴収されます。

介護保険を利用するには

　在宅の40歳以上の介護保険加入者が介護保険制度を利用したい場合は、住民票のある市町村に対して要介護・要支援認定を申請します。市町村は、申請者（利用者）の要介護・要支援認定をおこなったあとで、要介護と認定した利用者には居宅介護支援事業所、要支援と認定した利用者には介護予防支援事業所（地域包括支援センター）の利用をうながします。両事業所に在籍するケアマネジャーは、利用者の介護生活の状況を把握し、自立支援の視点で利用者に必要な介護サービスを提案し、介護サービス導入のための支援をおこないます。利用者はケアマネジャーに相談しながら、利用者自身や家族の必要性や要望に合った介護サービスを選び、介護サービス事業者からサービスを受けます（各種介護サービスについてはP.44～47を参照）。

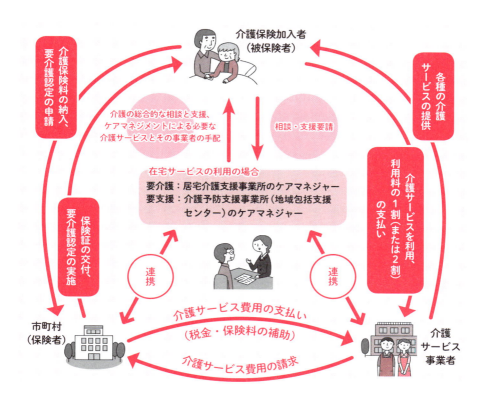

保険者と被保険者

　社会保険方式の制度では、税金・介護保険料で補助（給付）する「保険者」と、保険制度によるサービスを受ける権利を有する「被保険者」が存在します。介護保険制度においては、保険者は市町村※で、被保険者はその市町村に住民票がある40歳以上の人です。外国籍であっても、40歳以上で在留資格があり、住民登録をおこなっていれば介護保険の加入義務があり、被保険者となります。なお、被保険者は年齢により、下の2種類に分類されます。

※保険者は市町村以外に特別区（東京23区）も含まれますが、本書では保険者を「市町村」と表記します。

被保険者の種類	条件	保険料の徴収方法
第1号被保険者	65歳以上の人	年金から天引き、もしくは普通徴収
第2号被保険者	医療保険に加入している40〜64歳の人	医療保険料とともに、所得から徴収

　また、被保険者が介護保険の適用を受けるにあたっては、下記のような条件の場合、例外的な措置が実施されます。

第2号被保険者が利用する場合

- 特定疾病※が原因で要介護・要支援になった場合のみ、介護保険が適用される。

※老化によって発症する16種類の病気（脳血管疾患、初老期における認知症など）のこと。

介護保険適用除外施設

- 指定障害者支援施設、国立ハンセン病療養所、被災労働者の介護を支援する施設などの入所者は、介護保険の被保険者にはならず、適用からも外れる。
- これらは重度の障害者が入所している施設であり、その施設について定めている制度によって介護が実施されるため。

生活保護の受給者

65歳以上
- 第1号被保険者となる。介護保険適用の場合には、生活保護の「介護扶助」によって、利用者負担額（1割）が給付される。

40〜64歳
- 医療保険に加入している人は第2号被保険者となり、介護保険適用の場合には、生活保護の「介護扶助」によって、利用者負担額（1割）が給付される。
- 医療保険に加入しないことが認められている、一部の生活保護受給者の場合、介護保険の被保険者にはならない。要介護認定を受けた場合には、介護扶助によって介護サービス利用料金の10割が給付される。

被保険者と介護保険料

介護保険の保険料は、第1号被保険者と第2号被保険者で金額の設定や支払い方法が異なります。

第1号被保険者

第1号被保険者が納付する保険料（第1号保険料）は、市町村ごとに金額が異なります。保険料の設定では、市町村の予算の22%を第1号保険料の総額と定め、それを第1号被保険者の総人数で割ることで年間の保険料基準額を決定します。保険料基準額は、下記の9段階に分かれており、市町村の条例によってさらに細分化することが可能です。

段階	対象	保険料
第1段階	●世帯全員が市町村非課税の老齢福祉年金受給者 ●世帯全員が市町村非課税かつ本人の年金収入等が年額80万円以下	基準額×0.45[※1]
第2段階	世帯全員が市町村非課税かつ本人の年金収入等が年額80万円以上120万円以下　など	基準額×0.75[※2]
第3段階	世帯全員が市町村非課税かつ本人の年金収入等が年額120万円超	基準額×0.75[※3]
第4段階	世帯に市町村税課税者がいるものの、本人が市町村税非課税であり、年金収入等が年額80万円以下	基準額×0.9
第5段階	世帯に市町村税課税者がいるものの、本人が市町村税非課税であり、年金収入等が年額80万円超	基準額×1.0
第6段階	本人が市町村非課税かつ合計所得額が年額120万円未満	基準額×1.2
第7段階	本人が市町村非課税かつ合計所得額が年額190万円未満	基準額×1.3
第8段階	本人が市町村非課税かつ合計所得額が年額190万円以上290万円未満	基準額×1.5
第9段階	本人が市町村非課税かつ合計所得額が年額290万円超	基準額×1.7

[※1]…2017年度から基準額×0.3　[※2]…2017年度から基準額×0.5　[※3]…2017年度から基準額×0.7

第2号被保険者

第2号被保険者の保険料は「第2号保険料」と呼ばれ、第1号保険料とは異なり、国（厚生労働省）が全国平均の1人あたりの負担率を算出したうえで、下の手順で基準額が決定します。

厚生労働省
全国の第2保険料の平均額から、1人あたりの負担率を算出する。

→

社会保険診療報酬支払基金
厚生労働省の算出にもとづいて、第2号保険料を各医療保険者に割り当てて徴収。

保険料の割り当て・徴収 →
← 保険料の納入

医療保険者
第2号保険料を、第2号被保険者から医療保険料とともに徴収。

介護保険制度の財源

　介護保険費用のうち、半分は被保険者の保険料で、残りの半分を税金で負担しています。保険料や被保険者の負担比率は、3年ごとに見直します。

　税金負担分のうち、国税からの負担の5%は、後期高齢者（75歳以上の高齢者）の割合や第1号被保険者の所得状況に応じて市町村に交付される「調整交付金」として使用されます。これは、要介護・要支援認定を受けやすい後期高齢者の数が市町村によって差があり、介護給付・予防給付の支払い額の差が大きくなるためです。また、後期高齢者や所得が低い第1号被保険者が多い市町村では、すべての第1号被保険者が所得に応じて負担する第1号保険料（▶P.145）が高くなる傾向にあります。このような市町村による介護保険の財源状況の格差を正すために、調整交付金が交付されています。

介護保険費用の負担比率（在宅サービスの利用の場合）

国の負担のうち5%は、調整交付金として市町村に交付

税金による負担
- 国　25%
- 都道府県　12.5%
- 市町村　12.5%

保険料による負担
- 第1号被保険者　22%
- 第2号被保険者　28%

　また、第1号被保険者の介護保険料（第1号保険料）は、全額を被保険者が負担していますが、第2号被保険者の介護保険料（第2号保険料）は、加入している医療保険によって、負担方法に下記のような違いがあります。

第2号保険料の負担方法

企業の健康保険加入者
- ▶ 被雇用者
- ▶ 事業主

それぞれが保険料を2分の1ずつ負担

国民健康保険加入者
- ▶ 被保険者
- ▶ 国庫

それぞれが保険料を2分の1ずつ負担

介護サービス費用の支払いについて

　介護保険を適用した介護サービスを利用した場合、これまでは利用者の負担は利用料の1割でしたが、2015年度より、第1号被保険者のうち、一定の所得がある被保険者に対しては2割負担に変更になりました。

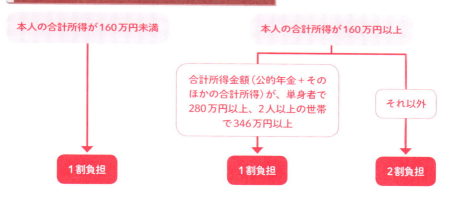

第1号被保険者の負担額の判定基準

　また、介護サービスの費用負担方法は、利用者が介護サービス事業者に対して1割（または2割）だけを支払い、残額は事業者が保険者に請求する「現物給付方式」が一般的です。しかし、特定福祉用具販売と住宅改修については、利用者が事業者に全額支払ったうえで保険者に支給申請をして、後日費用の9割（または8割）を受け取る「償還払い方式」が適用されます。

Chapter 6 覚えておきたい基礎知識その2　介護の制度としくみ

要介護・要支援認定

❖ 要介護・要支援認定のしくみを知る
❖ 要介護・要支援・自立のそれぞれの内容を把握する

2段階の判定で認定

　介護保険を適用した介護サービスを利用するには、要介護・要支援認定が必要になります。要介護・要支援認定の申請を希望する場合には、市町村に申請書を提出し、その後市町村などの調査員が申請者（被保険者）の自宅または入所・入院先を訪問して、調査票にもとづいて介護の状態に関する聞き取り調査（訪問調査）をおこないます。この調査には、申請者の家族も同席することができます。この調査をもとにしたデータをコンピュータによって判定する「一次判定」をおこなったのち、一次判定の結果と主治医意見書をもとにして、市町村の付属機関である介護認定審査会が「二次判定」をおこない、要介護・要支援認定が確定します。

　認定結果には、「要介護（5～1）」「要支援（2～1）」「自立（非該当）」があり、自立には介護サービスは適用されません。要介護の場合は介護給付が、要支援の場合は予防給付が介護保険の適用になります（▶P.44～47）。

要介護・要支援・自立の状態

要介護	日常生活上の基本的動作（歩行や起き上がりなど）を自分でおこなうことが困難で、何らかの介護を必要とする状態。
要支援	日常生活上の基本的動作はほぼ自分でおこなえるが、一部の介助を必要としていたり、要介護状態を予防するために、手段的日常生活動作（家事や薬の内服、電話の利用など）での何らかの支援を必要とする状態。
自立	日常生活上の基本的動作と手段的日常生活動作を、自分でおこなえる状態。

要介護・要支援認定の流れ

要介護認定等基準時間

一次判定で実施する「要介護認定等基準時間」の算出は、申請者が必要としている介護の量を時間で表したもので、訪問調査の結果からコンピュータが基準時間（分単位）を計算します。下の5つの分野ごとに推計された時間の合計が、一次判定の基準として用いられます。

要介護認定基準時間を推計する5分野

直接生活介助	入浴・排泄・食事などの介護
間接生活介助	洗濯・掃除などの家事援助
BPSD関連行為	徘徊探索・不潔行為の後始末など
機能訓練関連行為	歩行訓練・日常生活訓練など
医療関連行為	輸液・褥瘡処置など

要介護・要支援認定と要介護認定等基準時間の関係

区分	5分野の要介護認定等基準時間の合計
要支援1	25分以上32分未満
要支援2・要介護1	32分以上50分未満
要介護2	50分以上70分未満
要介護3	70分以上90分未満
要介護4	90分以上110分未満
要介護5	110分以上

※要支援2と要介護1は、「認知機能の低下」「状態の安定性に関する評価」にもとづいて区分される。

Chapter 6 覚えておきたい基礎知識その2　介護の制度としくみ

ケアプラン

❖ ケアプランの作成の流れを把握する
❖ ケアプランが果たす役割を知る

利用者本位の介護のための計画書

　要介護・要支援認定で要介護・要支援と認定された被保険者（利用者）には、介護サービスを利用するための計画書である「ケアプラン」（▶P.73）が作成されます。

　要介護の利用者は、介護保険の介護給付を利用し、在宅サービスと施設サービスのどちらかを受けることになります。在宅サービスを利用する場合のケアプランである「居宅サービス計画」は、居宅介護支援事業所のケアマネジャーが作成し、施設サービスを利用する場合のケアプランである「施設サービス計画」は、施設のケアマネジャーが作成します。要支援の利用者が介護保険による予防給付を利用するには、「介護予防サービス計画」というケアプランが必要になります。これは、利用者が所在する市町村の地域包括支援センター（介護予防支援事業所）のケアマネジャーが作成します。

毎月の支給限度額の目安

給付の種類	区分	支給限度額
予防給付	要支援1	50,030 円
	要支援2	104,730 円
介護給付	要介護1	166,920 円
	要介護2	196,160 円
	要介護3	269,310 円
	要介護4	308,060 円
	要介護5	360,650 円

在宅サービスを利用する場合、税金・保険料の補助が受けられる毎月の利用料金の合計に、上限（支給限度額）があります。左の金額までの1割または2割が自己負担。限度額以上のサービスを利用する場合は、全額自己負担になります。

ケアプラン作成の流れ

ケアプラン作成の依頼
- 利用者がケアマネジャーにケアプランの作成を依頼。
- 在宅の要介護の利用者は居宅介護支援事業所のケアマネジャー、施設の入所・入居者は施設のケアマネジャー、要支援の利用者は地域包括支援センターのケアマネジャーがそれぞれ担当する。

アセスメント
- ケアマネジャーが利用者のもとを訪問し、利用者の心身状態や生活状況などを把握する。
- 利用者の家族の話も聞き、総合的な介護の必要性（課題）や要望を分析する。

サービス担当者会議（ケアカンファレンス）
- ケアマネジャーがケアプランの原案を作成したうえで、利用者や家族、介護サービス事業者の担当者と話し合う。
- 課題解決のために利用者がどのような状態になることを目指すべきかの目標を設定し、サービスの詳細（サービスの種類、利用回数、頻度など）を決める。

ケアプランの作成・決定
- サービス担当者会議で話し合われ、確定した内容を盛り込んだケアプランを作成。
- ケアマネジャーは、ケアプランの内容について利用者・家族に説明し、同意を得る。
- ケアマネジャーは、ケアプランに盛り込んだ各種サービスを提供する介護サービス事業者に対し、サービスの開始を手配する。

サービスの利用開始
- 利用者と介護サービス事業者との契約ののち、ケアプランにもとづいた介護サービスの利用が開始される。

モニタリング・評価
- ケアマネジャーが定期的にサービスの実施状況を確認する。
- 利用者に合ったサービスが提供されているか、目標を達成できているかを検証・評価する。

再アセスメント
- 利用者の状況が変わっていたり、目標が達成できていないようであれば、アセスメントをやり直し、ケアプランの変更を実施する。

Chapter 6　覚えておきたい基礎知識その2　介護の制度としくみ

成年後見制度

❖ 成年後見制度の内容を把握する
❖ 成年後見人などの選出方法を知る

判断能力が不十分な人の生活を守る

　認知症や知的障害、精神障害などで、判断能力が不十分だと判断される人が財産管理や契約行為において、正しい判断をひとりでおこなうことが困難である場合が多く見られます。**悪質商法などから生活や財産などを守るため、家庭裁判所に認められた「成年後見人等（成年後見人・保佐人・補助人）」が支援をおこなう制度が「成年後見制度」です。**

　成年後見制度には、家庭裁判所が成年後見人等を選ぶ「法定後見」と、本人が判断能力があるうちに事前に選んでおく「任意後見」があります。さらに法定後見には、本人の判断能力に応じて「後見」「保佐」「補助」の3つの類型があり、家庭裁判所がどれに当たるかを判断します。

　成年後見人や保佐人、補助人には、親族が選出されることがあり、親族以外では弁護士や社会福祉士など、専門職の人が選ばれることがあります。また、法人が選ばれたり、複数の人が成年後見人等に選ばれることもあります。

法定後見の類型

類型	判断能力	援助する人
後見	欠けているのが通常の状態	成年後見人
保佐	著しく不十分	保佐人
補助	不十分	補助人

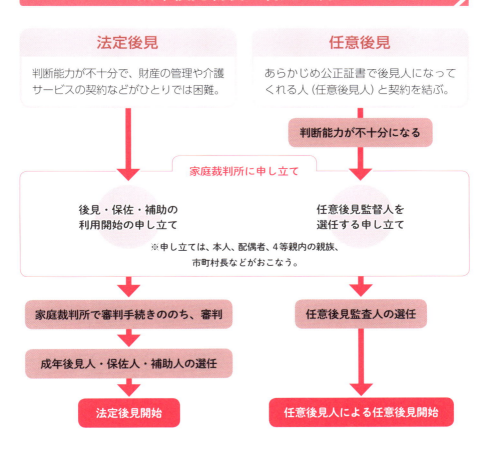

Chapter 6 覚えておきたい基礎知識その2 介護の制度としくみ

障害福祉サービスのしくみ

❖ 障害福祉サービスの利用の流れを把握する
❖ 介護給付と訓練等給付の、それぞれのサービスの内容を知る

地域社会での障害者の自立をめざす

　障害者が地域社会において、尊厳をもって自立した生活を送ることができるための支援について定めているのが「障害者総合支援法」です。介護福祉士をはじめとする介護職が、障害者に対する「障害福祉サービス」を提供する事業所や施設で勤務する場合は、この法律に従ってサービスを提供します。

　障害福祉サービスには、介護サービスなどをおこなう「介護給付」と、機能・生活訓練、就労支援をおこなう「訓練等給付」の2つがあります。介護給付を適用する場合は、6段階に分類される「障害支援区分」の認定を受ける必要があり、各段階によって受けられる支援やサービスの回数が異なります。

　障害福祉サービスの利用には「サービス等利用計画（ケアプラン）」の作成が必要で、その計画に沿ったサービスの提供がおこなわれます。また、サービス利用料の利用者負担は1割またはそれ未満で、残額を国・都道府県・市町村がそれぞれ負担します。

! **KEYWORD**

▼ 障害者総合支援法
正式名称は「障害者の日常生活及び社会生活を総合的に支援するための法律」で、2006（平成18）年に施行されました。元は「障害者自立支援法」という名称で、障害者の「保護」を目的とした法律でしたが、障害者総合支援法になってからは、障害者の「自立」をめざす法律になりました。

障害福祉サービスの利用の流れ

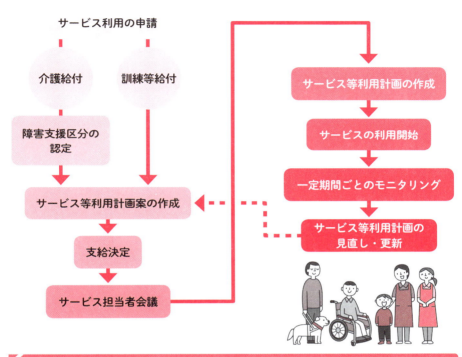

障害福祉サービスの種類

介護給付で受けられるサービス

- 居宅介護(ホームヘルプ)
- 重度訪問介護
- 同行援護
- 行動援護
- 重度障害者等包括支援
- 短期入所(ショートステイ)
- 療養介護
- 生活介護
- 障害者支援施設での夜間ケア等(施設入所支援)

訓練等給付で受けられるサービス

- 自立訓練(機能訓練・生活訓練)
- 就労移行訓練
- 就労継続支援
- 共同生活援助(グループホーム)

介護の制度としくみ 理解度チェック問題

問1 正しいものに○、間違っているものに×をつけなさい。

❶ 介護保険は、65歳以上の人しか加入できない。

❷ 介護保険は、都道府県に対して加入する保険である。

❸ 介護保険が適用された介護サービスは、利用者の負担は利用料の1割または2割である。

❹ 地域包括支援センターは、利用者に対して介護の総合的な相談と支援をおこなう。

❺ 第2号被保険者は、どんな理由においても介護保険を利用できる。

❻ 外国籍の人は、介護保険の被保険者にはなれない。

❼ 介護保険適用除外施設に入所している人は、介護保険が適用されない。

❽ 介護保険の保険料は、第1号被保険者と第2号被保険者はどちらも同額である。

❾ 第1号被保険者が納付する保険料は、第1号保険料と呼ばれる。

❿ 生活保護を受給している人の一部は、介護保険の被保険者になっていない。

⓫ 介護保険の財源は、すべて被保険者の保険料でまかなっている。

答え

問1 ❶× ❷× ❸○ ❹○ ❺× ❻× ❼○ ❽× ❾○ ❿○ ⓫×

問2 下の第1号被保険者と第2号被保険者の説明として、カッコにあてはまる語句を答えなさい。

被保険者の種類	条件	保険料の設定	保険料の徴収方法
第1号被保険者	（ ❶ ）歳以上の人	（ ❷ ）ごとに金額が異なる	（ ❸ ）から天引き、もしくは普通徴収
第2号被保険者	（ ❹ ）に加入している40〜64歳の人	（ ❺ ）が1人あたりの負担率を算出したうえで、基準額を算出	（ ❻ ）とともに、所得から徴収

問3 下の❶〜❹の、カッコ内で正しいほうを選びなさい。

❶ 介護保険の保険料の見直しは、{ 3・5 }年ごとにおこなわれる。

❷ 介護保険費用は、半分は被保険者の介護保険料で、残りを{ 寄付金・税金 }で負担している。

❸ 利用者が介護サービス事業者に対して、利用料の1割（または2割）だけを支払い、残額は事業者が保険者に請求する方式を{ 現物給付・償還払い }方式という。

❹ 第2号被保険者が健康保険に加入している場合、介護保険料は被保険者と{ 事業主・国庫 }が半分ずつ負担する。

答え
問2 ❶65 ❷市町村 ❸年金 ❹医療保険 ❺国（厚生労働省） ❻医療保険料
問3 ❶3 ❷税金 ❸現物給付 ❹事業主

問4

下は要介護認定の流れを示したものである。カッコ内にあてはまる語句を、枠内から選びなさい。

> 基本調査　要介護認定等基準時間　主治医意見書　市町村

問5

下の❶・❷の状態に適用される介護保険の給付をア・イより、作成すべきケアプランの名称をA・Bより選びなさい。

❶ 要支援　❷ 要介護

▼給付
- ア：介護給付
- イ：予防給付

▼ケアプラン
- A：介護予防サービス計画
- B：居宅サービス計画

答え

問4　❶ 市町村　❷ 基本調査　❸ 要介護認定等基準時間　❹ 主治医意見書
問5　❶ イ、A　❷ ア、B

問6 下の❶～❺にあてはまる語句を答えなさい。

▶ 成年後見制度には、あらかじめ本人が判断能力があるうちに、後見人になってくれる人を選ぶ（ ❶ ）と、家庭裁判所が選ぶ（ ❷ ）がある。

▶ （ ❷ ）は、本人の判断能力によって、成年後見人・（ ❸ ）・（ ❹ ）の3つに分けられる。

▶ 成年後見人や（ ❸ ）、（ ❹ ）には、彼らに同意のない、本人の法律行為を取り消して無効にする（ ❺ ）や取消権が与えられる。

問7 下の❶～❺の問いに答えなさい。

❶ 2006年に施行された、障害者が地域社会において、尊厳をもって自立した生活ができるための支援について定めている法律の名称を答えなさい。

❷ 障害福祉サービスで、機能訓練や生活訓練、就労支援をおこなう給付の名称を答えなさい。

❸ 障害福祉サービスの介護給付の受給の際におこなう、必要とする支援の度合いを6段階に分類した認定の名称を答えなさい。

❹ 障害福祉サービスの利用において作成が必要な、計画書の名称を答えなさい。

❺ 障害福祉サービスの、利用料の利用者負担はいくらか答えなさい。

答え

問6 ❶ 任意後見　❷ 法定後見　❸ 保佐人　❹ 補助人（❸・❹は順不同）　❺ 同意権
問7 ❶ 障害者総合支援法　❷ 訓練等給付　❸ 障害支援区分　❹ サービス等利用計画
　　 ❺ 1割またはそれ未満

Column 7
介護の仕事をマンガで知ろう

ヘルプマン！

くさか里樹 著／
講談社イブニングKC・全27巻

落ちこぼれ高校生の百太郎が、あるきっかけから高校を中退して介護の世界に飛び込む物語です。無鉄砲ながらも情熱をもって介護の仕事に取り組む百太郎を通して、介護のさまざまな問題点を描いています。

49歳 未経験 すっとこ介護はじめました！

八万介助 著／小学館

タイトルどおり、49歳の未経験で介護施設の認知症棟の介護ヘルパーをはじめた、作者の八万さんの実体験マンガです。わからないことだらけの職場で悪戦苦闘しながらも、介護の仕事によろこびを見つけていく八万さんの姿は、介護福祉士をめざす多くの人の励みになるはず。

実録！ 介護のオシゴト ―楽しいデイサービス

國廣幸亜 著／秋田書店・
シリーズ計5冊、続編1冊刊行

漫画家と介護福祉士を兼業している作者の國廣さんの実体験にもとづいた、デイサービスを中心とした作品です。元気いっぱいの高齢者を相手に奮闘するスタッフの姿に笑いながらも、大感動できる作品です。

Chapter 7

覚えておきたい基礎知識その3
介護福祉士としてのマナー

介護現場では、利用者が介護者に信頼感を抱き、安心して介護を受けてもらう必要があります。そのために必要な言葉遣いや話し方、立ち振る舞いなどのマナーをこの章で学び、介護福祉士にふさわしい言動を身につけましょう。

社会人としての言葉遣いや立ち振る舞いを身につけることが、介護福祉士になるための第一歩です。利用者の尊厳を守るためにも、正しいマナーを守りましょう。

Chapter 7 覚えておきたい基礎知識その3 介護福祉士としてのマナー

介護福祉士として働くマナー

❖ 介護現場で働くうえでのマナーを理解する
❖ 守秘義務を守るためのポイントを把握する

マナーの順守で安全度と信頼度を高める

　どんな職場においても、勤務時間内は仕事以外のことをすることは認められていません。また、私用でコピー機などの仕事の道具を使うなどの公私混同の行為は、職場でのルール（服務規律）に違反する行為です。服務規律を職員それぞれが守ることで、職場全体の印象や信頼度を高めることができます。特に、**利用者の健康や安全を守る役目を担う介護現場では、介護福祉士をはじめとする介護職が、マナーを必ず順守し、事業所や施設の安全度や信頼度を高める必要があります。**

　また、**介護職には、利用者の個人情報などの業務上知り得た情報を漏らさない「守秘義務」があります**。利用者の個人情報を知るということは、その人の知られたくないことに触れているという自覚をもち、情報管理を徹底するようにしましょう。特に近年は、SNSをはじめとするインターネットを介した情報漏洩が問題になっていますので、十分に気をつけましょう。

! **KEYWORD**

▼ **SNS（ソーシャル・ネットワーキング・サービス）**
インターネットを通じて個人間の社会的なつながりを構築する、コミュニティ型のウェブサイトやサービスのことです。世界中の人と幅広いコミュニケーションを取り合うことができる一方、個人情報や業務情報などの流出が問題になっています。

勤務上で注意したい行為

時間を守る
始業時間や訪問時間など、あらかじめ決められた時間の約束は厳守しましょう。常に5分前に行動することを心がけます。

遅刻・欠勤の連絡はすみやかに
やむを得ず遅刻・欠勤をするときは、できる限り早く勤務先に連絡をします。出勤後には、上司や同僚におわびを忘れずに。

公私混同をしない
事業所・施設の備品を、私用で用いることは厳禁です。職場のパソコンを、私用のネット閲覧などに用いるのもNGです。

勤務中に携帯電話の利用はしない
勤務中は私用目的での携帯電話やスマートフォンの利用は厳禁です。やむを得ず使用する場合は、上司に一言伝えてからにしましょう。

守秘義務で心がけること

個人情報のデータを持ち出さない
利用者の個人情報などのデータは、事業所・施設の外に持ち出さず、不用意にほかの人の目に触れないようにしましょう。

書類を置きっぱなしにしない
書類を机の上や車の中に置きっぱなしにすることは、情報漏洩や紛失の危険性があります。電車の網棚に乗せるのも厳禁です。

介護業務に関する話はしない
情報漏洩につながるため、利用者の個人情報や介護業務の詳細を話すことは、どんな場所・どんな相手においても厳禁です。

SNSに情報を流さない
SNSに介護業務の情報を流出させてはいけません。インターネットを閲覧する不特定多数の人に、情報を漏らすことになります。

覚えておきたい基礎知識その3 介護福祉士としてのマナー

Chapter 7 覚えておきたい基礎知識その3　介護福祉士としてのマナー

言葉遣いと話し方

❖ 介護現場での言葉遣いを覚える
❖ 受け答えでよく使う言葉を知る

利用者の尊厳を守る話し方

　利用者に対し、くだけた友達口調で話したり、「赤ちゃん言葉」やきつい命令口調で話すなど、介護現場における介護職の言葉遣いの乱れがたびたび問題になっています。**利用者に敬意を表し、尊厳を傷つけないためにも、介護福祉士をはじめとする介護職は、利用者やその家族に対して正しい言葉遣いで話さなければなりません。**

　必要以上に丁寧な言葉遣いをすると、利用者が「堅苦しい」と感じてしまうこともあるため、敬語をはじめとする正しい言葉遣いのマナーを覚えたうえで、利用者に合わせた話し方を工夫してみましょう。

主な敬語の種類

尊敬語
相手や第三者の行動・状態に対して、尊敬の意を表す。

例
- （相手が）言う
  ▶おっしゃる、言われる
- （相手が）食べる
  ▶召し上がる

謙譲語
自分の行動・状態を謙遜表現にして、相手への尊敬の気持ちを表す。

例
- （自分が）言う
  ▶申し上げる、申す
- （自分が）食べる
  ▶いただく

丁寧語
語尾に「〜です」「〜ます」「〜ございます」をつけて、丁寧な表現にする。

例
- 言う
  ▶言います
- 食べる
  ▶食べます

よく用いる敬語

	尊敬語	謙譲語	丁寧語
いる	いらっしゃる	おる	います
言う	おっしゃる、言われる	申し上げる、申す	言います
見る	ご覧になる、見られる	拝見する	見ます
聞く	お聞きになる、聞かれる	うかがう、拝聴する、お聞きする	聞きます
行く	いらっしゃる、おいでになる	うかがう、参る	行きます
来る	いらっしゃる、お見えになる、来られる	参る	来ます
知っている	ご存じである	存じる、存じ上げる	知っています
食べる	召し上がる、食べられる	いただく、頂戴する	食べます
会う	お会いになる、会われる	お目にかかる、お会いする	会います
借りる	お借りになる、借りられる	拝借する	借ります

丁寧な表現への言い換え

日時

- 今日（きょう）
  ▶本日（ほんじつ）
- 明日（あした）
  ▶明日（みょうにち）
- 明後日（あさって）
  ▶明後日（みょうごにち）
- 昨日（きのう）
  ▶昨日（さくじつ）
- この前
  ▶先日（せんじつ）
- さっき
  ▶先程（さきほど）

指示語

- これ、ここ、こっち
  ▶こちら
- あれ、あそこ、あっち
  ▶あちら
- それ、そこ、そっち
  ▶そちら
- どれ、どこ、どっち
  ▶どちら
- どんな
  ▶どのような

人を指す言葉

- 誰
  ▶どなた
- あの人
  ▶あの方、あちらさま
- どの人
  ▶どの方、どちらさま
- みんな
  ▶みなさん、みなさま

7 覚えておきたい基礎知識その3 介護福祉士としてのマナー

よくある場面での言葉遣い

自己紹介

○○と申します。どうぞよろしくお願いいたします

▶ポイント
自分の名前を名乗ってあいさつをします。語尾を「でーす」「〜っす」などと、学生のような話し方をすると幼稚なイメージを与えてしまうので、ゆっくりと一言一言をはっきりと話しましょう。

返事をする

かしこまりました／承知いたしました

▶ポイント
承諾の返事をするときは、「わかりました」ではなく、「かしこまりました」と言います。メールなどで多用する「了解しました」は、目上の人や利用者に対しての言葉としては、ふさわしくありません。

謝罪

申し訳ございません／失礼いたしました

▶ポイント
「すみません」「ごめんなさい」などの謝罪の言葉は、目上の人や利用者には用いません。「申し訳ありません」「失礼いたしました」などの、ビジネス向きの謝罪の言葉を使いましょう。

退勤時のあいさつ

さようなら／お先に失礼します

▶ポイント
退勤時には、「バイバイ」「またね」などのくだけたあいさつの言葉は用いず、「さようなら」と言いましょう。まだ残って勤務している人がいる場合には、「お先に失礼します」と言います。

話し方の注意点

聞き取りやすい話し方を心がける

- 相手に合わせたスピードで
  ▶ 早口にならず、ゆっくりと話すように心がける。
- 一語一語をはっきりと
  ▶ モゴモゴと話さず、言葉をはっきりと発音する。
- 高齢者には声のトーンを下げる
  ▶ 高齢者は高い音が聞き取りにくいので、声を低めにする。
- 一文を短くする
  ▶ ダラダラと話さず、短い言葉で伝える。

カタカナ・専門用語は使わない

カタカナ用語や専門用語は、意味がわかりにくいだけでなく、高齢者は抵抗を感じることが多いものです。使用を避けたり、わかりやすい言葉に言い換えて話しましょう。

承諾・依頼の形にして話す

「〜してください」などの命令口調は使わず、「〜しますが、大丈夫ですか？」と承諾の形にしたり、「〜していただいてもいいですか？」と依頼するように話します。

コンビニ敬語は使わない

「こちらが〜になります」「〜のほうをお持ちしました」など、コンビニ店員がよく使う間違えた敬語は、介護現場では用いないようにしましょう。

若者言葉はNG

「マジで」「ヤバい」などの若者言葉は使わず、正しい言葉遣いをしましょう。また、「っていうか〜」などと語尾をのばした言い方もNGです。

クッション言葉を活用

伝えにくいことや頼みにくいことを言う場合、「申し訳ありませんが」などのクッション言葉をはさむことで、言葉の感触がやわらぎます。

▶ クッション言葉の例
申し訳ありませんが、お手数ですが、恐れ入りますが、恐縮ですが、ご面倒をおかけしますが など

Chapter 7 覚えておきたい基礎知識その3　介護福祉士としてのマナー

立ち振る舞いと身だしなみ

❖ 介護現場での正しい立ち振る舞いを知る
❖ 勤務時・通勤時の身だしなみを把握する

利用者の信頼感と安心感を得る

　日常で何気なくおこなっている立ち振る舞いからは、人間性や介護に対する意欲が見え、その人の印象の良し悪しの基準になってしまうことが多いものです。**介護現場において、利用者に信頼感や安心感をもってもらうためにも、介護福祉士をはじめとする介護者は、正しい立ち振る舞いを身につけておきましょう。**

　また、介護現場では、**利用者が違和感や抵抗感を覚えない身だしなみを心がけましょう。**そのためには、「おしゃれ」や「ファッション」ではなく、利用者の安全面や衛生面を考えて身だしなみを心がけてください。

正しい歩き方と座り方

歩き方
- キョロキョロせずに、前を見る
- 肩の力を抜いて背筋をのばす。顎は軽く引いて

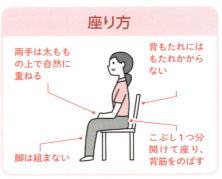

座り方
- 両手は太ももの上で自然に重ねる
- 背もたれにはもたれかからない
- 脚は組まない
- こぶし1つ分開けて座り、背筋をのばす

介護現場での立ち振る舞い

丁寧な動作を心がける

仕事中は、ダラダラと作業をすることなく、きびきびと体を動かしましょう。ただし、走ったりするなど、焦りすぎてはいけません。緊急時でも落ち着いて冷静に行動をしましょう。

利用者と話すときの態度

利用者の目の高さにまで体を下げ、視線を合わせて話をします。利用者の話を中断させることなく、話をしっかり聞いたうえで、こちらから話すようにします。

正しいお辞儀をする

お辞儀は、立ち止まって相手に視線を合わせ、腰から30度ほど体を曲げます。頭だけ下げるお辞儀はNGです。両手は、男性は体の両脇に、女性は体の前で軽く組みます。

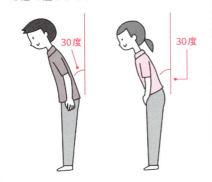

利用者と廊下ですれ違うとき

利用者が歩きやすいように廊下の端に寄り、すれ違うときに会釈します。「お加減はいかがですか？」などとひと声かけて、利用者の体調を確認するなど、気を配ります。

勤務時の身だしなみ

▶髪型
男性は短めで、前髪を垂らさない髪型にする。女性は長い髪はまとめ、前髪はピンで留める。派手すぎるカラーリングはNG。

▶服装
動きやすい服装にする。過度な装飾や派手な色合いのものは避ける。

▶腕時計
利用者に当たって傷つける可能性があるので、外す。

▶メイク
派手な色味は控えて、ナチュラルメイクを心がける。

▶爪
短く切りそろえる。ネイルやつけ爪はNG。

▶香り・匂い
香りに敏感な利用者もいるため、香水や香り付き柔軟剤の使用は避ける。喫煙者は、たばこの匂いに気をつける。

▶靴
スニーカーなどの動きやすいものを。紐なしで、着脱しやすいものを選ぶ。

▶アクセサリー
安全面を考え、ピアスも含めてすべて外す。結婚指輪の着用は許可している事業所・施設が多い。

通勤時の身だしなみ

男性

▶髪型
寝ぐせがついていたり、ボサボサな状態のままにはしないこと。

▶髭
剃り残しがないようにする。

▶服装
カジュアルすぎるものや露出の多いものを避け、シンプルで清潔感のある服装にする。

女性

▶メイク
勤務に備えて、健康的なナチュラルメイクにする。

▶アクセサリー
小ぶりでシンプルなデザインのものを選ぶ。

▶香り・匂い
香りに敏感な利用者もいるため、香水や香り付き柔軟剤の使用は避ける。喫煙者は、たばこの匂いに気をつける。

▶靴
歩きやすく、華美な装飾のないものを選ぶ。

《 介護福祉士としてのマナー 》
理解度チェック問題

問1 正しいものに○、間違っているものに×をつけなさい。

① 家族には、利用者の個人情報や介護業務の詳細を話してもよい。

② 遅刻・欠勤の連絡は、できる限り早くする。

③ 職場のパソコンで、私用のメール送信をおこなってもかまわない。

④ 勤務中、緊急の連絡のために自分の携帯電話を使う場合、上司に許可を得るべきである。

⑤ 個人的に利用しているSNSに、介護現場の写真をアップロードしてもかまわない。

問2 下の❶～❸の敬語についての説明にふさわしいものを、ア～ウより選びなさい。

❶ 尊敬語　❷ 謙譲語　❸ 丁寧語

ア：自分の行為や状態を謙遜して表現する敬語
イ：相手の行為や状態に対し、尊敬の意を表す敬語
ウ：語尾に「～です」「～ます」をつけて、丁寧に表現する敬語

答え

問1　❶ ×　❷ ○　❸ ×　❹ ○　❺ ×
問2　❶ イ　❷ ア　❸ ウ

問3 下の❶〜⓯の下線部を、それぞれ正しい敬語に直しなさい。

❶ 私は明日、ここに**い**ます。

❷ 意見を自由に**言って**ください。

❸ いただいた手紙を**見**ます。

❹ ○○さんのご両親を**知って**います。

❺ 今日、市長が施設に**来**ます。

❻ 夕食を**食べて**ください。

❼ これから○○さんの自宅に**行き**ます。

❽ 明日はご自宅に**い**ますか？

❾ みなさんの要望を**聞き**ます。

❿ このタオルを**借り**ます。

⓫ プレゼントのお菓子を**食べ**ます。

⓬ 明後日、**会う**のを楽しみにしています。

⓭ 午後から○○さんの自宅に**行き**ます。

⓮ ○○さんは今日、施設に**い**ますか？

⓯ 利用者が作った作品を**見て**ください。

7 覚えておきたい基礎知識その3　介護福祉士としてのマナー

答え

問3 ❶おり　❷おっしゃって　❸拝見し　❹存じて（存じ上げて）
❺いらっしゃい（お見えになり、来られ）　❻召し上がって　❼うかがい（参り）
❽いらっしゃい　❾うかがい（拝聴し、お聞きし）　❿拝借し（お借りし）　⓫いただき（頂戴し）
⓬お目にかかる（お会いする）　⓭うかがい（参り）　⓮いらっしゃい　⓯ご覧になって

問4

下は派遣社員としてはじめて施設にやってきたAさんと、施設で長年働くBさんとの会話文である。カッコ内にふさわしい言葉を、枠の中から選びなさい。

A「Aと申します。（ ❶ ）」
B「よろしくお願いします。さっそくですが、このタオルを全部たたんでもらえますか」
A「（ ❷ ）」

（Aさん、タオルをたたむ）
A「Bさん、タオルをたたみ終わりました。これでよろしいですか？」
B「ごめんなさい。タオルをたたむ場合には、もっと小さくたたんでもらえませんか」
A「（ ❸ ）。たたみ直します」

（Aさん、タオルを再びたたみ終える）
A「タオルがたたみ終わりました」
B「ありがとうございます。では、備品置き場に置いてきてください」
A「（ ❹ ）、備品置き場の場所を教えてくれませんか？」
B「この廊下の突き当りにありますよ」

（1日の勤務が終了）
B「Aさん、お疲れさまでした。今日はこれで退勤してもいいですよ」
A「はい。（ ❺ ）」

申し訳ありません　お先に失礼します
よろしくお願いいたします　かしこまりました　申し訳ありませんが

答え

問4 ❶ よろしくお願いいたします　❷ かしこまりました　❸ 申し訳ありません
❹ 申し訳ありませんが　❺ お先に失礼します

問5 下の❶〜❹の、カッコ内の正しいほうを選びなさい。

❶ 仕事中はきびきびと体を動かすべきだが、{**歩い・走っ**}たりなどの焦りすぎの行動はしてはいけない。

❷ 利用者と話すときは、{**視線・腰の高さ**}を合わせるようにする。

❸ お辞儀をする場合、立ち止まって相手に視線を合わせ、{**頭・腰**}から30度ほど体を曲げる。

❹ 廊下で利用者とすれ違う場合、廊下の端に寄り、すれ違うときに{**会釈・無視**}する。

問6 下の❶〜❿で、介護現場で働く場合には、使用・着用すべきではないものを選びなさい。

❶ 腕時計
❷ エプロン
❸ ピアス
❹ 前髪を留めるピン
❺ 香水
❻ 香り付き柔軟剤
❼ 紐がついていない運動靴
❽ 動きやすい服
❾ ネックレス
❿ ストレッチ素材のズボン

答え

問5 ❶走っ ❷視線 ❸腰 ❹会釈
問6 ❶、❸、❺、❻、❾

Column 8
意外な分野で活躍する介護福祉士

　介護サービスの事業所・施設の現場で利用者に直接携わって働く介護福祉士は、近年では主任などの現場のリーダー職を経て、事業所長や施設長などの経営者として従事することも増えてきました。また、下記のような意外な分野で活躍することも増えています。

旅行代理店

▶ 旅行中の高齢者をサポート

近年、介護を必要とする高齢者とともに旅行をする家族が増えており、旅行中の介護のサポートをおこなうために、介護福祉士が同行するサービスを提供している旅行代理店があります。

介護タクシー

▶ 利用者を車イスごと送迎

車イスやストレッチャーをそのまま乗せることができるタクシーのことです。運転手は利用者の乗降介助をおこなうため、普通自動車二種免許以外にも介護福祉士の資格を所持していることがあります。

福祉用具メーカー

▶ 介護の知識を活かした用具のスペシャリスト

福祉用具のメーカーで、介護の知識を活かして用具の選び方や使い方などをアドバイスしている介護福祉士がいます。また、福祉用具の開発にかかわることもあります。

Chapter 8

介護福祉士の専門常識・基礎知識
総まとめ問題集

この総まとめ問題集では、Chapter1〜7の内容を復習することができます。本書をひと通り読み、各章の最後にある「理解度チェック問題」で正解できるようになったら、力試しにこの問題集に取り組み、得た知識を確かなものにしましょう。

理解したことや覚えたことを忘れないためにも、この「総まとめ問題集」をくり返し解いて本書の内容を復習し、介護福祉士への一歩を踏み出しましょう。

《 介護福祉士の専門常識・基礎知識 》
総まとめ問題集

問1 下の❶〜❹で説明している語句を答えなさい。

❶ 1987年に施行された、介護福祉士資格について定めた法律。

❷ 生活保護法・児童福祉法・身体障害者福祉法・母子及び寡婦福祉法（現・母子及び父子並びに寡婦福祉法）・知的障害者福祉法・老人福祉法の6つの法律を合わせた名称。

❸ 「その人が人間らしく生活できているか」「幸福を感じているか」を基準にした評価のこと。

❹ 何らかの理由で、高齢者の介護を高齢者がおこなっている状況のこと。

問2 下の❶〜❹の介護の内容にあてはまるものを、ア〜エより選びなさい。

❶ 身体介護　❷ 生活援助　❸ 相談・助言　❹ 介護予防

ア：要介護状態になるのを防止するための支援
イ：日常生活で必要な家事全般を手伝う
ウ：食事・排泄・入浴・移動・衣服の着脱などの介助
エ：利用者やその家族の相談に応じ、アドバイスをする

答え
問1　❶ 社会福祉士及び介護福祉士法　❷ 福祉六法　❸ QOL　❹ 老老介護
問2　❶ ウ　❷ イ　❸ エ　❹ ア

問3 下の❶～❺の、カッコ内で正しいほうを選びなさい。

❶ 介護福祉士の国家試験は、筆記試験と{**実技試験・面接試験**}で構成されている。

❷ 介護福祉士の国家試験の受験資格を得るには、対象の施設・事業所で{**3・5**}年以上の実務経験が必要である。

❸ 実務経験で国家試験の受験資格を得るには、450時間の{**初任者研修・実務者研修**}の修了が必須となった。

❹ 国家試験に合格した人は、国の機関に{**所属・登録**}することで、介護福祉士として名乗ることができる。

❺ 介護福祉士の養成施設を卒業した人は、2017年度から介護福祉士{**資格・受験資格**}を取得することに改められた。

問4 下の❶～❸の場合、受けているサービスの種類を枠内から選びなさい。

❶ 要介護3で、自宅で暮らしている高齢者が、訪問介護を受ける。

❷ 要支援1の高齢者が、市町村が主体となった介護予防や生活支援を受ける。

❸ 要介護5の高齢者が、介護施設に入所する。

> 介護予防・日常生活支援総合事業　施設サービス　居宅サービス

答え
問3 ❶ 実技試験　❷ 3　❸ 実務者研修　❹ 登録　❺ 受験資格
問4 ❶ 居宅サービス　❷ 介護予防・日常生活支援総合事業　❸ 施設サービス

問5 正しいものに○、間違っているものに×をつけなさい。

❶ 訪問看護とは、看護師が利用者の自宅を訪問し、医師の指示にもとづいた医療処置などをおこなうサービスである。

❷ デイサービスは、通所サービスのひとつである。

❸ 施設サービスは、要支援と認定された人でも利用できる。

❹ 利用者に車イスなどの福祉用具をレンタルするサービスを、特定福祉用具販売という。

❺ 地域密着型サービスとは、中重度の要介護認定を受けた高齢者などが、住み慣れた地域で暮らし続ける支援をするサービスである。

❻ ショートステイには、短期入所生活介護以外のサービスはない。

❼ 高齢者が自宅で生活しやすいように、手すりの設置などのリフォームをおこなうことも、介護サービスに含まれる。

❽ グループホームは、認知症の高齢者が少人数のグループで共同生活をするサービスである。

❾ 夜間対応型訪問介護では、夜間に定期的に巡回して介護などをおこなう「定期巡回」だけを実施する。

❿ 有料老人ホームなどの、個人の生活を重視している施設については、施設サービスに分類される。

答え

問5 ❶○ ❷○ ❸× ❹× ❺○ ❻× ❼○ ❽○ ❾× ❿×

問6 下のカッコにあてはまる語句を答えなさい。

▶ 特別養護老人ホームでは、（ ❶ ）時間体制での介護が必要であるため、早番・日勤・遅番・夜勤などの（ ❷ ）制で勤務する。

▶ デイサービスでは、利用者の自宅から事業所までの（ ❸ ）をおこなっている。

▶ 病院などから入所し、リハビリをおこなって心身機能の維持・回復を図る介護老人保健施設では、利用者の（ ❹ ）をめざす。

問7 下の❶～❹が説明する介護記録の種類を、ア～エより選びなさい。

❶ 介護の実施状況や利用者の健康状態などを、記号などでチェックする。

❷ 事故になった可能性がある要因を、偽りなく記録する。

❸ 利用者の個人情報や現在の健康状態、介護の状況、介護サービスを利用するに至るまでの経緯などが記載されている。

❹ 介護職員が、ケアプランや介護計画をもとに実施した介護や今後の計画について話し合ったことを記録する。

> ア：アセスメントシート
> イ：チェックシート
> ウ：ケアカンファレンス記録
> エ：ヒヤリハット報告書

答え
問6 ❶24 ❷シフト ❸送迎 ❹在宅復帰
問7 ❶イ ❷エ ❸ア ❹ウ

問8
下の❶〜❺は、介護福祉士がさまざまな専門職に連携を希望している声である。それぞれはどんな専門職と連携すべきであるかを答えなさい。

❶ 在宅介護の利用者の、口腔ケアについて相談したい。

❷ 在宅介護の利用者のもとへ一緒に行き、医師から指示された医療行為をおこなってほしい。

❸ 病気を抱えた高齢者に対し、毎日の食事の栄養指導をおこなってほしい。

❹ ケアプランを作成して、最適な介護が提供できるように調整してほしい。

❺ 在宅で介護をされている高齢者のもとを訪問して、服薬指導を実施してほしい。

問9
下のカッコにあてはまる語句を、枠内から選びなさい。

▶ 体を支える基盤である（ ❶ ）を広げて姿勢を安定させるには、足は肩幅ほどに開く。

▶ 腰を落とすと、体の中心である（ ❷ ）を低く保てる。

▶ 利用者の人生観や生活習慣などを尊重した、（ ❸ ）の支援をする。

> 利用者本位　支持基底面　重心

答え
問8　❶ 歯科医師　❷ 看護師　❸ 栄養士 または 管理栄養士　❹ 介護支援専門員（ケアマネジャー）　❺ 薬剤師
問9　❶ 支持基底面　❷ 重心　❸ 利用者本位

問10 下の❶〜⓫で、下線部が正しいものには○をつけ、間違っているものは正しい語句を答えなさい。

❶ 人間がとる姿勢である体位を変えることを、**体位変換**という。

❷ ベッドを45°ほど上げた姿勢のことを**長座位**という。

❸ **振り子の原理**とは、重心から作用点までの距離が離れているほど、回転しやすいという原理のことである。

❹ 歩行を介助する場合、利用者の患側の横、あるいは斜め後ろに立つ。

❺ 片麻痺の場合、麻痺などの障害がある側のことを**健側**という。

❻ 視覚障害者が持っている白い杖の名称は**白杖**である。

❼ **側方接近法**とは、車イスに移乗するとき、車イスをベッドに対して20〜30度につける方法である。

❽ 食物を口から摂取して、口腔から食道に送るまでのことを**嚥下**という。

❾ 尿道口から侵入した病原菌によって尿路で発症する感染症のことを**失禁**という。

❿ 入浴時に発生しやすい**ヒートショック**とは、急激な温度変化による、血圧の乱高下によるものである。

⓫ 麻痺がある人が衣服の着脱をおこなう場合、「着るときは患側から、脱ぐときは健側から」という**着健脱患**が基本的なルールである。

答え

問10 ❶○ ❷ファーラー位（半座位） ❸トルクの原理 ❹○ ❺患側 ❻○
❼斜方接近法 ❽○ ❾尿路感染症 ❿○ ⓫着患脱健

問11

下の❶〜❺の身体や器官の状態を表す語句の説明にふさわしいものを、ア〜オより選びなさい。

❶ 失行　❷ 拘縮　❸ 狭窄　❹ 閉塞　❺ 梗塞

ア：血管や気管などの通りが狭まっている状態。
イ：関節周辺の筋肉や皮膚などが固くなり、関節の動きが悪くなる状態。
ウ：血流の悪化で、組織の一部が壊死を起こしている状態。
エ：運動機能の障害はないが、目的の動作をうまくおこなうことができない状態。
オ：血管や気管などの通りがふさがっている状態。

問12

下の❶〜❸は、認知症の中核症状についての説明している文章である。正しいものに○、間違っているものに×をつけなさい。

❶ 記憶障害はいわゆる「もの忘れ」と呼ばれる障害で、おもにレビー小体型認知症の初期に見られる。

❷ 「今日は何月何日」「自分は何歳」という時間の認識ができなくなるのを、見当識障害という。

❸ 認知障害は失認・失行・失語の3つの障害からなり、失認とは言語能力の低下のことである。

答え

問11　❶エ　❷イ　❸ア　❹オ　❺ウ
問12　❶×　❷○　❸×

問13 下の❶〜❹の、カッコ内で正しいほうを選びなさい。

❶ 手洗いは、1ケアごとに、{**ケアの前後**・ケア後}におこなうのが基本である。

❷ 手洗いには、石鹸と流水での手洗いと、{ウェットティッシュ・**消毒薬**}による手指の消毒の2種類がある。

❸ 排泄物や嘔吐物の処理の際は、十分に換気をしながら、適切な濃度の{**消毒液**・洗剤}で拭き取る。

❹ 感染経路を遮断する場合、感染源を「持ち込まない」「広げない」{**「持ち出さない」**・「触れない」}という三原則に従って実施する。

問14 下の❶〜❺は、それぞれ要介護認定の要介護・要支援・自立のどの状態・しくみを表すものかを答えなさい。

❶ 要介護状態への予防として、日常生活において何らかの支援が必要な状態。

❷ 認定は5段階でおこなわれる。

❸ 歩行や起き上がりなどの日常生活での基本的動作を、自力でおこなえる状態。

❹ 日常生活上の基本的動作について、何らかの介護を必要とする状態。

❺ 認定は2段階でおこなわれる。

答え

問13 ❶ケアの前後 ❷消毒薬 ❸消毒液 ❹「持ち出さない」
問14 ❶要支援 ❷要介護 ❸自立 ❹要介護 ❺要支援

問15 下の❶〜❹の問いに答えなさい。

❶ 介護保険制度においての、保険者の名称を答えなさい。

❷ 介護保険制度における被保険者のうち、65歳以上の人を指す名称を答えなさい。

❸ 第2号被保険者が給付を受けられる条件である、老化によって発症する16種類の病気の総称を答えなさい。

❹ 企業の健康保険に加入している第2号被保険者は、介護保険料の半分は自分の負担だが、残りの半分は誰が負担しているかを答えなさい。

問16 下のカッコにあてはまる語句を、枠の中から選びなさい。

▶ 要介護・要支援の認定をされた被保険者には、介護サービスを利用するための計画書である（ ❶ ）を作成する。

▶ ケアプランの作成段階で、ケアマネジャーがサービスの担当者と話し合う（ ❷ ）において、サービスの詳細を決める。

▶ 認知症や知的障害、精神障害の人の生活や財産などを守る成年後見人を、家庭裁判所が選任する制度を（ ❸ ）という。

▶ 障害福祉サービスで介護給付を適用する場合は、6段階に分類される（ ❹ ）の認定を受ける必要がある。

> 成年後見制度　障害支援区分　ケアプラン　サービス担当者会議

答え
問15 ❶ 市町村　❷ 第1号被保険者　❸ 特定疾病　❹ 事業主
問16 ❶ ケアプラン　❷ サービス担当者会議　❸ 成年後見制度　❹ 障害支援区分

問17
下の❶〜❼のカッコ内で、敬語として正しいほうを選びなさい。

❶ ｛みんな・みなさん｝集まってください。

❷ ｛あの人・あの方｝は、｛どなた・誰｝ですか？

❸ ｛**先日**・この前｝、お電話した鈴木です。

❹ 明日、山田さんはこちらに｛います・いらっしゃいます｝か？

❺ 昨日は欠勤してしまい、｛**申し訳ありませんでした**・ごめんなさい｝。

❻ プレゼントには｛どんな・**どのような**｝品物を選んだのですか？

❼ ご依頼の件について、｛了解しました・**承知いたしました**｝。

問18
下の❶〜❹で、介護現場での勤務中の態度・様子として正しいものに○、間違っているものに×をつけなさい。

❶ 勤務中に自分の携帯電話で、私用のメールを送る。

❷ ピアスをつけて介護業務をおこなう。

❸ 長い髪を後頭部にまとめて、髪のほつれがないようにしている。

❹ 喫煙後に歯みがきをして、たばこの匂いが残らないようにする。

答え

問17 ❶ みなさん ❷ あの方、どなた ❸ 先日 ❹ いらっしゃいます
　　　❺ 申し訳ありませんでした ❻ どのような ❼ 承知いたしました
問18 ❶ × ❷ × ❸ ○ ❹ ○

索引

英数字

3-3-9度方式 …………………… 122
BPSD ………………… 124、126、149
MRSA感染症 …………………… 135
QOL …………………………… 20

あ行

アセスメントシート ………… 70、72
椅座位 ………………………… 88
医師 … 46、50、67、76、77、118、
　　　　120、121、133
医療的ケア ………… 29、33、118
胃ろう経管栄養法 …………… 121
インフルエンザ …… 132、134、135
うつ病 ………………………… 131
栄養士・管理栄養士 ……… 76、77
壊死 …………………… 123、129
嚥下 ………………… 98、99、121

か行

臥位 ……………………… 88、89
介護給付 ……… 44、45、146、148、
　　　　150、154、155
介護計画 …………………… 70、73
介護サービス ……… 12、14、34、44、
　　45、46、47、48、51、52、70、
　　72、73、74、142、143、147、
　　148、150、154
介護職員処遇改善加算 ………… 52
介護プロフェッショナル段位制度
　　………………………… 34、35
介護報酬 ………………… 52、142
介護保険制度 ……… 22、44、48、51、
　　　　142、143、144

介護予防・日常生活支援総合事業
　　………………………… 45、49
介護老人福祉施設 ……… 47、50、51
介護老人保健施設 … 46、47、50、67
疥癬 …………………………… 135
喀痰吸引 …………… 118、119、120
片麻痺 …… 93、94、96、107、111、
　　　　123、129
看護師 …………… 67、76、77、118、
　　　　120、121
関節リウマチ ………………… 130
感染症 ………… 132、133、134、135
患側 ……… 93、94、107、110、111
気管カニューレ …………… 119、120
気管支喘息 …………………… 130
吸引器 ………………………… 120
仰臥位 ………………………… 89
狭窄 …………………………… 123
業務日誌 ………………… 70、71
虚血性心疾患 ………………… 129
居宅サービス ………… 44、45、46
グループホーム ……… 47、51、155
訓練等給付 …………… 154、155
ケース（経過）記録 ……… 70、74
ケアカンファレンス記録 …… 70、75
ケアプラン … 46、70、73、75、76、
　　　　77、150、151、154
ケアマネジャー …… 34、35、46、66、
　　72、73、76、77、143、150、151
経管栄養 …………… 118、119、121
経鼻経管栄養法 ……………… 121
結核 …………………………… 135
言語聴覚士 …………………… 77

健側 …………… 93、94、96、107、
　　　　　　　　110、111
現物給付方式 ……………………… 147
高血圧症 …………………………… 130
拘縮 ………………………………… 123
梗塞 …………………………… 123、128
誤嚥 ………………………… 99、100、130
国家試験 …… 13、26、27、28、30、
　　　　　　　31、32、118
骨粗鬆症 …………………………… 130

さ行

座位 ……… 88、96、102、104、105
作業療法士 ………………………… 77
歯科医師 ………………… 76、77、118
事故報告書 …………………… 70、75
支持基底面 …………………… 84、85
四肢麻痺 …………………………… 123
施設サービス …… 44、45、47、150
失禁 ………………………………… 103
失行 …………………………… 123、125
失調 ………………………………… 123
実務者研修 …… 26、27、28、29、32
社会福祉士 … 24、25、27、31、152
斜方接近法 ………………………… 96
重心 ……………………… 84、85、90
守秘義務 ……………… 13、162、163
手浴 …………………………… 106、108
ショートステイ ……… 46、50、155
障害支援区分 ………………… 154、155
障害者総合支援法
　………………… 28、48、51、154
障害福祉サービス ………… 154、155
償還払い方式 ……………………… 147
小規模多機能型居宅介護 …… 47、50
少子高齢化 …………… 22、24、44
褥瘡 …………………………… 88、131

食中毒 ……………………………… 135
初任者研修 …………… 28、29、32
自立 …………………… 12、148、154
身体介護 ……………… 23、49、68、69
心不全 ……………………………… 129
スライディングボード …………… 96
生活援助 ……………… 23、49、68
生活相談員 …… 49、50、72、76、77
清拭 …………………………… 106、108
精神保健福祉士 ……………… 24、25
成年後見制度 ……………… 152、153
セミファーラー位 ………………… 89
潜在介護福祉士 …………………… 23
側臥位 ………………………… 89、91
側方接近法 ………………………… 96
足浴 …………………………… 106、108

た行

第1号被保険者 …… 142、144、145、
　　　　　　　　146、147
第2号被保険者 …… 142、144、145、
　　　　　　　　146
体位変換 ……………… 88、91、131
端座位 ……………………………… 89
単麻痺 ……………………………… 123
地域支援事業 ………………… 44、45
地域密着型サービス …… 44、45、47、
　　　　　　　　　　49
地域密着型通所介護 ………… 47、49
チェックシート ………… 65、70、74
着患脱健 ……………………… 110、111
中核症状 ……………………… 124、125
腸管出血性大腸菌感染症 ………… 135
長座位 ……………………………… 89
腸ろう経管栄養法 ………………… 121
対麻痺 ……………………………… 123
通所型サービス ……………… 47、50

定期巡回・随時対応型訪問介護・看護
　………………………… 47、49
デイケア ………………… 46、50
デイサービス
　………… 46、47、49、64、66
てこの原理 ………………… 90
同行援護・行動援護 ……………… 51
糖尿病 …………………… 131
特定施設入居者生活介護 …… 46、51
トルクの原理 ……………… 90

な行

尿路感染症 ……………… 103
任意後見 …………… 152、153
任意事業 ………………… 45
認知症 ……… 124、125、126、127、128、152
認知症ケア専門士 ………… 34、35
認知症対応型通所介護 ……… 47、49
認定介護福祉士 ……………… 34
脳血管疾患（脳卒中）……… 129
ノロウイルス ……… 132、134、135

は行

パーキンソン病 ……………… 131
肺炎 ……………… 99、130、135
廃用症候群 ………………… 128
白杖 ……………………… 93
ヒヤリハット報告書 ……… 70、75
標準予防策（スタンダード・プリコーション）
　…………………………… 133
ファーラー位 ……………… 89
腹臥位 …………………… 89

福祉用具 ………… 46、50、92、96、
　　　　　　　　 101、105、109

福祉レクリエーション・ワーカー
　…………………………… 34、35
福祉六法 …………………… 20
不全 ……………………… 123
振り子の原理 ……………… 90
閉塞 ……………………… 123
変形性関節症 ……………… 130
訪問介護（ホームヘルプサービス）
　……… 46、47、49、64、68、73
包括的支援事業 ……………… 45
法定後見 …………… 152、153
訪問型サービス …………… 49、50
訪問入浴介護 ……… 46、49、106
ホメオスタシス …………… 128

ま行

慢性閉塞性肺疾患（COPD）…… 130

や行

夜間対応型訪問介護 …… 47、49、69
薬剤師 …………………… 76、77
要介護 ………… 44、45、142、143、
　　　　　　　　 148、150
要介護・要支援認定 ……… 48、142、
　　　　　　　　 143、146、148、149
要介護認定等時間基準 ……… 149
要支援 …… 44、45、142、143、148、
　　　　　　 150
腰部脊柱管狭窄症 …………… 130
予防給付 ………… 44、45、146、
　　　　　　　　 148、150

ら行

理学療法士 ………… 50、67、76、77
立位 ……………………… 88
老人福祉法 ……………… 20、21
老老介護 ………………… 22

おわりに

　老化や病気、障害などによって心身が不自由になり、日常生活行為が不可能または困難になった人に対し、必要な手助けをおこなうのが「介護」です。おもに病気を治す医療とは異なり、生活そのものを支援する分野で、食事・排泄・入浴・移動などの日常生活の動作を手助けする身体介護から家事の援助までと、介護の範囲は多岐にわたります。

　介護は家族や親類などの心許せる人がおこなえば、介護される側としては安心できるものです。しかし介護生活は24時間・365日にわたり、さらに何年と続くことが多いため、介護者には体力・気力ともに必要となります。さらに、少子高齢化が進む現在では、介護できる家族も少なく、家族と同居しているとも限りません。

　このような問題や困難を含んだ介護を、自治体から指定を受けた事業所や施設が「サービス」として実施し、その利用料金を税金や介護保険料で補助するのが、現在の介護保険制度です。実際に介護対象者に介護をおこなう介護職は、この制度を支える重要な立場にあります。

　介護は介護対象者の生活に踏み込む行為であり、生命にも関わります。また、介護職が未熟で不十分な介護をしては、税金や介護保険料が無駄遣いされていると思われかねません。誰もが「適切で良質である」と納得できるようなサービスを提供するためには、介護に従事する人が、必要かつ正確な知識・技術・理念を学び、経験を積み重ねなければなりません。その裏付けとして、国家資格である介護福祉士の資格取得が求められているのです。

　国家資格を取得すれば、利用者やその家族、関係職員など、周囲の人々との信頼関係が高まるだけでなく、給料面でプラスの材料になり、就職・転職も有利になります。また、仕事に自信がもてるようになるため、より一層やりがいをもって楽しく勤続できます。つまり介護福祉士の資格を取得することは、介護職のゴールではなく、プロの介護職としてのスタートラインに立ったといえるでしょう。

　本書をお読みいただいた皆様には、介護や介護の仕事に関心をもっていただき、今後の職業選択のひとつに加えていただけると幸いです。

2016年12月
介護福祉士・石橋亮一

監修

石橋亮一（いしばし・りょういち）

東京電機大学工学部・未来科学部非常勤講師（介護福祉論・生活支援工学）。介護福祉士・社会福祉士・介護支援専門員・福祉住環境コーディネーター2級・介護予防主任運動指導員。旧厚生省国立公衆衛生院専門課程修了（公衆衛生学修士）。社会福祉法人同胞互助会にて特別養護老人ホーム、在宅介護支援センター、株式会社ベネッセコーポレーションにてホームヘルプサービス、居宅介護支援事業等に従事。現在は、地域や学校、介護サービス事業者・施設の研修講師・アドバイザー、介護認定審査会委員、東京都第三者評価員、介護サービス情報の公表制度調査員等を兼務。

STAFF

編集協力	スタジオダンク（渡邊雄一郎）
	三浦由子
デザイン	スタジオダンク（竹中もも子、芝智之）
イラスト	イイノスズ

受験する前に知っておきたい
介護福祉士の専門常識・基礎知識

監修	石橋亮一
発行者	志賀　朗
発行所	株式会社 滋慶出版／つちや書店
	〒100-0014
	東京都千代田区永田町2-4-11
	TEL 03-6205-7865
	FAX 03-3593-2088
	E-mail　shop@tuchiyago.co.jp
印刷・製本	日経印刷株式会社

© Jikei Shuppan Printed in Japan　　　　http://tuchiyago.co.jp

落丁・乱丁は当社にてお取り替え致します。
許可なく転載、複製することを禁じます。

この本に関するお問い合せは、書名・氏名・連絡先を明記のうえ、上記FAXまたはメールアドレスへお寄せください。なお、電話でのご質問はご遠慮くださいませ。また、ご質問内容につきましては「本書の正誤に関するお問い合わせのみ」とさせていただきます。あらかじめご了承ください。